O HOMEM
SUA ORIGEM
E EVOLUÇÃO

N. Sri Ram

O HOMEM
SUA ORIGEM E EVOLUÇÃO

3ª Edição

Editora Teosófica

The Theosophical Publishing House
Adyar, Chennai, Índia
1ª edição, 1954

EDITORA TEOSÓFICA
SIG Quadra 6, Lote 1235
70.610-460 – Brasília-DF - Brasil
Tel.: (61) 98613-4906 / 4909
E-mail:editorateosofica@editorateosofia.com.br
Site: www.editorateosofica.com.br
Instagram: @editorateosofica

R165

Ram, N. Sri, 1889-1973

O homem, sua origem e evolução/ Sri Ram
Tradução: Alcyr Anísio Ferreira, 4ª ed.
Brasília, Editora Teosófica, 2025.
116 p.

Título original: Man, his origen and evolution
ISBN 85.85961.44-9

1. Teosofia 2. Filosofia Oriental II. Título

CDU 141.332

Revisão: Norma Palmeira e Zeneida Cereja da Silva
Capa: Fernando Lopes
Diagramação: Reginaldo Mesquita

SUMÁRIO

PREFÁCIO À EDIÇÃO BRASILEIRA

Uma das características humanas é a capacidade de questionar e refletir, buscar respostas aos desafios e enigmas que surgem em nossa mente. O dar-se conta do desconhecido deve ser o impulso que conduz à tentativa de se ampliar o horizonte, que possibilite uma nova visão sobre a sua existência e o seu destino.

Neste valioso texto, especialmente útil para aqueles que desejam iniciar uma investigação sobre a origem e a evolução do homem, Sri Ram, com a habilidade de enfatizar o essencial, analisa diversos pontos fundamentais presentes na literatura teosófica.

De onde viemos? Quem somos? Para onde vamos?

Esse enigma inquietante é um mistério a ser resolvido. Na perspectiva da filosofia esotérica o homem é um microcosmo, uma Mônada Divina que reflete as potencialidades do Todo Universal.

O homem é um peregrino espiritual, um anjo caído, que traz consigo o fogo do Céu. Como disse o filósofo Heráclito, ele é um "deus mortal", que se projetou na matéria e perdeu a percepção de que é um Espírito (*Ātman*).

Mas na sua totalidade, além de uma forma e um espírito, o homem também é um ser mental. Por isso é importante visualizarmos como ocorre o processo da evolução, nestes três níveis: material, mental e espiritual. Conforme é destacado, o estudo da natureza sutil e dos "princípios do homem" é fundamental para se entender como a consciência expressa-se no mundo.

O processo de evolução e a busca do aperfeiçoamento está relacionada com a existência de uma mente lúcida e purificada, que entra em sintonia com a Realidade que está presente em nós. O homem precisa reencontrar sua integridade original, recuperar sua natureza holística. Voltar a ver a si mesmo como uma parte do processo cósmico do Grande Uno.

PREFÁCIO

Este livro consiste em sua maior parte de palestras dadas nas reuniões da Escola de Verão que se seguiu à Convenção Anual da Sociedade Teosófica na América, realizada em sua sede em "Olcott", Wheaton, Illinois, em julho de 1951. A palestra, aqui incluída, foi ministrada em uma reunião teosófica em Gammel Prestegaard, na Dinamarca, em julho de 1952. Algumas perguntas e respostas foram acrescentadas e referem-se também às reuniões em "Olcott".

No decurso das palestras, não há muitas referências pormenorizadas, mas a base geral do que se falou e se debateu é o grande esboço que temos na Teosofia, do modo como foi apresentado por H. P. Blavatsky e ampliado por outros, principalmente pela Dra. Annie Besant e C. W. Leadbeater.

N. Sri Ram

Adyar

Dezembro 1952.

I

O QUE É O HOMEM?

Sua Descida do Alto

O que é o homem do ponto de vista teosófico? Há alguns anos Aléxis Carrel*, um dos pesquisadores científicos dos Estados Unidos da América, escreveu um livro enfocando o homem em seus aspectos físico e psicológico, ao qual deu o expressivo título *O Homem, esse Desconhecido*. Mesmo a Ciência parece pensar que o homem é uma esfinge, apresentando questões que estamos

* Cirurgião e biólogo francês (1873-1944). Viveu nos E.U.A. de 1905 a 1939. Recebeu o prêmio Nobel de Medicina em 1912. (N.T.)

longe de poder responder. O homem é um mistério, um milagre (de acordo com Carlyle) difícil de ser pesquisado e entendido e que varia bastante devido à complexidade de sua natureza. Ele é uma mistura de extremos: tanto pode ser divinal como satânico, nobre e selvagem, bom e mau, quase que simultaneamente.

O homem tem sido descrito como o microcosmo que reflete em sua constituição o macrocosmo ou o universo. O indivíduo e a totalidade, em sua similitude, parecem ter surgido da mesma realidade. O homem notabiliza-se pelo fato de que une em si os pontos mais superiores como também os mais inferiores tocados pela manifestação Divina, os polos norte e sul de seu ser, ainda largamente inexplorados e inativos. Obviamente, ele é uma entidade autoconsciente. Os animais têm uma consciência objetiva, mas não têm uma consciência reflexiva ou a consciência de um "eu". Portanto, eles são mais inocentes e mais felizes do que nós, vivendo o momento, como crianças, quando comparadas com os adultos. O conflito começa com a polaridade ou antítese do "eu" e do "outro".

O homem, de acordo com conceitos correntes, é um ser mental. Sua mente é o resultado visível mais elevado da evolução, o coroamento mais nobre da existência. Mas esta noção parte de um enfoque puramente mental e exterior. Em Teosofia nós o consideramos como um anjo caído, um Deus que se projetou nas condições da materialidade e esqueceu a sua divindade. Uma antiga obra teosófica, cujo autor preferiu não revelar o seu nome, chamada *Sonho de Rāvan*, trata deste exato assunto da queda do homem do ponto de vista da mudança experimentada por sua consciência. Ravan ou Ravana é um personagem no épico *Rāmāyana*, que é apresentado como adversário de Shri Rama, uma das encarnações da Divindade. A história é alegórica.

Ravana é a corporificação da egoidade consciente, essa Seidade (percepção de si mesmo) no homem que aflige sua individualidade e cujo exagero é a causa de toda a problemática atual. Ele é representado como um monstro humano de dez cabeças, cada uma brotando de novo tão logo é cortada. As cabeças são todas as formas dessa egoidade, que em sânscrito é chamado de princípio de *ahamkāra* no homem. Embora Ravana apareça como a personificação do mal neste mundo inferior, ele é descrito também como um grande devoto da Divindade e um asceta. Devoto significa aquele que tem uma atração para a natureza pura do Espírito mais elevado. De acordo com a história, ele desce do plano mais superior a fim de expiar uma certa falha ou erro que cometeu, e após algumas poucas encarnações ele retorna ao lugar de onde saíra – o que indica que na realidade ele é um princípio cósmico. Satan é Deus invertido, como H. P. B. gostava de dizer.

O homem, então, é um anjo caído, que, em sua queda, traz consigo o fogo dos Céus. Ele é Prometeu agrilhoado à Terra por um certo tempo, como também um raio ou representante de Lúcifer, o que porta a luz. Ele é uma Mônada divina caída na materialidade, mas em seu próprio reino uma cintilante estrela de luz, vida e fogo.

No Ocultismo, que é apenas um estudo da ordem natural, visível e invisível, a cosmogênese sucede a antropogênese, pela razão de que tudo começa em cima, e “em cima” significa interno, que é o reino do Espírito não revelado, o reino da pura subjetividade. Todo o processo da manifestação ou da ação Divina começa de um centro e se irradia para fora, e o homem representa uma parte significativa desta irradiação.

A vida é tão inexplicável do ponto de vista científico porque ela *não* é um produto da matéria. O cientista não pode explicar como a matéria, naqueles estados que atingiu em idades remotas, deu origem à vida. Pelo contrário, pode-se dizer que a vida deu origem à matéria em sua presente condição, no sentido de que a matéria é a limitação da vida, uma cristalização de sua natureza fluídica imanente. A vida existe eternamente, porque é a ação da unidade fundamental de tudo e é através da contínua atividade da unidade ou da Vida Una que todas as coisas vêm à existência.

A Evolução cria à medida que se desenvolve, como Bergson, o filósofo-cientista salientou. Não é através da seleção acidental que o progresso que já se expande tão enormemente foi adquirido. A seleção acidental, o jogo de fatores aleatórios, é uma teoria muito fraca para explicar as profundas diferenças na evolução para as quais a inteligência humana se volta a fim de compreendê-las e explicá-las. Remontar o gênio musical de um Beethoven ou de um Tansen, ou a mente de um poeta como Shakespeare ou Kalidasa a um fragmento de protoplasma é pedir muito a uma mente racional para que se acomode em seu progresso ou expansão. Entretanto, supõe-se que os cientistas sejam preeminentemente racionais.

Do ponto de vista teosófico, cada ser humano individual é um peregrino cíclico espiritual, eternamente uma Mônada*, indivisível em si mesma, embora capaz de múltiplos e diversos efeitos nos reinos do espaço e tempo, simples em seu nível mais básico, um todo integral, uma unidade. A diferença entre este primeiro estado da unidade e o último é que o que estava oculto no começo se torna explícito no fim. Diz-se que a Mônada tem seu lar no segundo dos vários planos da Natureza, chamado *Anupādaka*, sendo o primeiro plano o da Unidade de todas as unidades. *Anupādaka* significa "sem pais". A Mônada não é o produto de um par, nem mesmo puramente uma emanação, mas uma seção de um Ser Absolu-

* Mônada, do grego *Monus*: Um, significando a Centelha Divina ou o Ser Eterno no homem. (N.T.)

to, ela mesma um absoluto, embora possa ser considerada em outro aspecto como um raio do resplendor Divino.

Nos mundos humanos a Mônada assume a forma, ou melhor, um raio procedente dela se veste com a forma de um "Pensador" – palavra usada pela Dra. Annie Besant para o Ser Superior – implicando a capacidade de pensar, entre outras coisas, a escolha e a responsabilidade. Mas a Mônada, que é o aspecto ou essência mais interior do indivíduo humano, é uma centelha indestacável, como tem sido descrita nas obras ocultas que tratam deste assunto. É uma centelha na Chama una, que é o Logos, é uma centelha que não se separa da Chama, mas permanece no próprio corpo da Chama e, ao mesmo tempo, imerge na matéria, como um raio de luz resplandecente poderia surgir no espaço, vindo de uma estrela muito distante.

É este raio que elabora tudo que é necessário para ser feito nos planos da matéria ou da manifestação. A Mônada permanece no início e no fim de cada ciclo individual de existência como sujeito, a eterna testemunha ou conhecedora e, como o seu próprio objeto, a perfeição de seus efeitos espiritualmente contemplados. Ela é o ponto central em torno do qual todos os movimentos se verificam em cada nível subsequente da existência individual. Qualquer coisa que seja da natureza de um movimento na consciência, que possa ser percebido de algum modo, é externo ao percebedor. Tudo que possa ser identificado se torna externo em relação a algum ponto que não possa ser identificado, e esse ponto é o sujeito ou conhecedor eterno, além do movimento contínuo de conhecimento.

O raio proveniente da Mônada, seguindo a única vontade verdadeira que é infalível em sua direção, é a tríade espiritual, *Ātma-Buddhi-Manas*. *Ātma* é a raiz ou centro para as atividades espirituais no campo evolucionário do qual surgem os efeitos materiais. *Ātma* contém a essência ou elixir espiritual; é a Mônada velada de certo modo; *Buddhi* é a Divina Intuição ou Razão Pura; e *Manas*, a mente que é tanto discriminadora como criativa ou integral. A Mônada está representada nos planos abaixo do seu próprio nível por *Ātma*, *Buddhi* e *Manas*, que podem ser imaginados como um triângulo equilátero com a possibilidade de quaisquer modalidades de interação entre eles e a Mônada como seu ponto central.

A Evolução se realiza através da atividade destes três princípios, mas, de início e por um longo tempo, somente por *Manas*, permanecendo os outros dois princípios inertes e retraídos. É uma evolução infinita cujos efeitos espirituais são armazenados naquele corpo imperecível, tão velho como as colinas, o corpo de Luz que habita e se situa sob o envoltório de sucessivas personalidades que o encobrem. Estas personalidades somos nós mesmos, aqui e agora, no mundo físico e nos dois outros que a ele estão relacionados, ou seja, o mundo astral e o mental.

Cada coisa aqui em baixo é uma sombra, porque a matéria em si, como a conhecemos, é a sombra do Espírito. O laço entre a tríade espiritual ou, como se fala de modo geral, a entidade espiritual ativa, de um lado, e a matéria física e as correlações dos elementos materiais, de outro, é a mente. A palavra inglesa "mente" (*mind*) não é, contudo, um termo muito satisfatório neste assunto. *Manas* tem uma conotação que é mais impessoal, mais flexível, mais em contato com suas fontes eternas, relacionando-se igualmente com o Espírito e a Matéria, a unidade e a diversidade. O termo "inteligência" é melhor do que mente.

A natureza física, por si mesma, embora seja animada, embora tenha em si o sopro da vida e uma capacidade psíquica acompanhante para coletar impressões e reagir, não pode produzir uma inteligência independente. Um cientista eminente, em um recente livro intitulado *O Destino Humano*, chegou a esta conclusão por seu próprio caminho científico. Há um salto da natureza física animada e suas capacidades para uma inteligência de uma ordem completamente superior que ainda não foi explicado e nunca poderá ser explicado pela Ciência, porque a Ciência trabalha sob a limitação de jamais ter sido capaz de desligar-se do campo dos dados sensoriais físicos. Se o fizesse, ultrapassaria o campo que definiu para si própria.

De acordo com o ensinamento do Ocultismo, mesmo a forma física do homem não foi produzida pelo simples entrechoque de fatores físicos e sem uma Inteligência guiadora. Ela derivou de um padrão ou modelo criado por certos Seres espirituais que, ao fazê-lo, delimitaram e corporificaram a forma como ela existe no arquétipo Divino. O corpo físico foi formado em torno deste modelo por entidades inferiores. Mesmo em nossas encarnações comuns, quando a criança se desenvolve a partir de um feto, o corpo é formado, nos é dito, em torno de um modelo dado na ocasião pelos Administradores do *Karma*, um modelo que é planejado para que exteriorize uma certa porção do *karma* individual programado para aquela encarnação particular. Da mesma maneira que em cada ocasião o corpo físico é uma agregação em torno de um modelo etérico, também a estrutura física original foi uma agregação em torno de um modelo astroetérico.

O homem tem em sua própria forma uma certa unicidade, porque a forma segue um arquétipo que representa aquele mesmo princípio. Há nele, oculta e às vezes revelada, uma certa harmonia divina que pode ser vista em sua própria forma física, uma forma que tem extraordinárias capacidades de diferentes espécies. É notável como um homem pode fazer tantas e tão diferentes coisas com o seu corpo físico, usando os recursos de seus olhos, ouvidos e membros, quão maravilhosamente ele está adaptado para diversas finalidades, que equilíbrio, controle e precisão ele pode adquirir nos movimentos. Esta extraordinária harmonia e estas capacidades de seu próprio ser físico são, entretanto, obscurecidas e limitadas pelo seu *karma*. Até agora a harmonia é parcialmente evidente, porque o homem ainda está evoluindo tanto no corpo como na alma, o que significa que ele é imperfeito com respeito a ambos. Assim como a sua mente atual, com a sua fraqueza por todas as espécies de falsas ideias, elaborações grosseiras e movimentos destituídos de significados, fecha-se à beleza e ao poder de sua individualidade espiritual, também a sua forma física, da maneira que é moldada pelo seu *karma*, é uma máscara que oculta o que ele pode ser e verdadeiramente é em sua qualidade divina ou espiritual.

Os processos de evolução estendem-se por gradações de *eons**. São tremendamente lentos do lado cego e material da evolução, mas maravilhosos e incrivelmente rápidos, quando alcançam os domínios da inteligência e do Espírito. Levamos eras para chegar ao presente ponto na formação planetária e geológica, um desenvolvimento que possibilita às formas vivas funcionarem com a sua atual adaptabilidade. Não podemos dizer

---

* Palavra grega que refere a um período de tempo muito longo. (N.T.)

quantas eras foram necessárias para a formação dos átomos dos vários planos da Natureza, os "tijolos" ou moldes básicos usados em formas sempre mutáveis na construção do Universo. Tudo isso poderia nos parecer irresistível do nosso ponto de vista limitado, mas pode não ser assim para uma consciência que se situa serena acima das turbulências, uma consciência que é atemporal.

O tempo é obviamente uma limitação, porque tem limites ou gradações e deve ser mais ou menos ilusório, conforme os seus efeitos sobre a consciência que experimenta a sua passagem. É relativo para essa consciência que, em seu progresso, transita por todos os âmbitos das variadas escalas que obtém de momento a momento. Quando alguém está em um estado de bem-aventurança – mesmo que seja por alheiamento e ignorância – o tempo é esquecido e voa. Mas, quando está em um estado de tensão, parece que os pés se arrastam, pesados e lentos. O tempo, como uma condição psicológica, depende do estado e da natureza da consciência que experimenta, cujo movimento está no progresso através de uma sucessão de tais estados. A Evolução, como o teosofista a vê, é muito mais intrincada do que parece para a média das pessoas, porque ela se verifica em diferentes níveis e diferentes graus de movimento; e, em suas intrincadas gradações de causa e efeito, parece que quanto mais superior a consciência afetada, menos o tempo surge como um fator condicionante.

A evolução envolve não apenas as várias espécies biológicas, mas a vida e a forma em todos os seus aspectos, incluindo a mente e a matéria. A matéria em si está em um estado de evolução porque não está separada da vida e nem está isenta dela. No homem, como na Natureza, há, de acordo com H.P.B., três esquemas separados de evolução, todos inextricavelmente entretecidos. Há primeiro a evolução do Espírito, mais um desdobramento do que uma evolução no sentido comum; esta é a evolução da tríade espiritual que representa a Mônada. Tem sido chamada de Mônada da forma, enquanto que a Mônada em si mesma é sem forma. Há, depois, a evolução da natureza intermediária no homem, puramente intelectual, em um de seus aspectos e psíquica no outro, correspondendo à luz e às formas nubladas e cores da paisagem ao entardecer, e por fim, há a evolução do lado físico, a forma objetiva, à medida que se adapta à evolução psíquica e intelectual.

É pelo motivo de estarem estas três evoluções entretecidas em uma só que o homem é tão complexo, apresentando aspectos diferentes em diferentes níveis e ocasiões. Há nele o mistério da unidade, de uma sutileza que ultrapassa as palavras, à maneira do sorriso de uma Mona Lisa arquetípica e incompreensível para nossas mentes limitadas e divididas; há nele a mistura das diversidades, cujas múltiplas interações são tão frustrantes para uma mente que procura compô-las em um quadro simples e compreender a lógica do processo. Então, há a interação entre a unidade e a diversidade – a carga da diversidade com significados e a explicação e a quebra, separação das unidades, que são os significados ocultos de todas as formas e movimentos nos níveis intermediários do ser, psíquico e espiritual e seus estados coexistentes.

H.P.B. diz que o homem teve muitos criadores. Seus princípios medianos, isto é, os princípios entre o vértice *monádico* e a base física, foram infundidos ou soprados nele por várias Inteligências Divinas. Isso pode ser um pouco estranho e difícil de compreender. Podemos talvez tentar atingir um relance desta verdade interna da seguinte maneira: a Mônada é um ponto, o centro de um universo potencial, e sem seu próprio nível de Existência, una com o plano todo, como um ponto cintilante, destinado a ser uma estrela, una com todas as estrelas. Mas ela tem sua própria evolução a cumprir, a evolução que a transformará de um ponto divino em uma estrela. Esta evolução é atingida descendo a níveis onde as limitações dessa descida a tornarão autoconsciente. O oceano e a gota são unos naquele plano mais subjetivo dentre todos, mas a gota tem de se tornar consciente da natureza do oceano, e essa conscientização que surge dela é também sua autorrealização. Esta autorrealização é induzida por uma clara percepção de sua própria relação com os efeitos que produz nos reinos inferiores. A sua descida é a colocação em movimento de uma certa corrente de vida e ação, da qual a Mônada permanece a fonte e a origem. A manifestação significa a descida de nível para nível e em cada um deles ganhando substância e corpo. A descida do Ponto, que é a Mônada, ao nível inferior mais próximo – que podemos chamar de plano Espiritual, embora todos estes planos superiores sejam espirituais em vários graus e modos – é atingida pela criação de um corpo ou envoltório, para o qual várias Inteligências Divinas contribuem com a substância necessária, suas próprias essências. Elas criam este corpo, assim como a mãe forma o corpo, em nosso mundo, para o Ego reencarnante, já havendo um certo elo ou afinidade entre ela e esse Ego antes de seu nascimento. De modo semelhante, estas Inteligências Divinas, que coletivamente desempenham o papel de mãe para a manifestação da Mônada no plano Espiritual, já devem ter uma afinidade com aquela Mônada, porque nada acontece no esquema divino sem uma razão interna e perfeita. As essências que se congregam em torno da Mônada podem ser consideradas como atraídas pela Mônada descendente pelo poder daquelas afinidades. "O semelhante atrai o semelhante". À medida que desce com potência tanto negativa como positiva – porque estes dois aspectos existem em toda a parte – atrai com a sua potência negativa cada essência ou elemento no universo espiritual que tenha uma afinidade natural com ela.

A Mônada atrai várias Inteligências Divinas para uma relação ativa consigo própria em cada um dos planos em que desce, e a atração destas Inteligências para tais relações pode ser considerada, sob um enfoque exterior, como um sopro na natureza da Mônada, agora se tornando um homem inconscientemente espiritual da qualidade ou natureza daquelas Inteligências. Elas infundem suas próprias essências para formar o corpo ou corpos espirituais, mas estes expressam ou refletem à perfeição a natureza da própria Mônada.

A Mônada "imerge durante ciclos" na matéria, para usar a frase adequada de H.P.B., partindo do nível mais superior, que para ela é o segundo plano dos vários do nosso sistema, da maneira como os enumeramos e consideramos. Ela desce de um estado de perfeita bem-aventurança, de pura potencialidade e abstração no qual há uma perfeita integração de todos os elementos involuídos e que hão de evoluir, para outro no qual é mais expandida e ativa, ou melhor, ela desce para uma série de tais estados em uma sucessão lógica e ordenada. Este movimento se verifica, de um modo geral, em três fases distintas que abrangem o céu, o espaço intermediário e a Terra, conforme uma divisão preferida, encontrada em antigos livros indianos. Primeiro, a Mônada desce em um estado espiritual, depois em uma condição de existência psíquica que tem os atributos da alma como geralmente a concebemos e, por fim, na condição externa, física, mas estável e limitadora, onde a consciência descendente é capaz de achar uma âncora satisfatória. A Mônada tem de sair de uma posição superior a fim de alcançar o limite de materialidade apropriado ao seu estágio. Ela passa pela região intermediária em um estado inconsciente semelhante ao sonho ao qual denominamos involução, como que em um processo cego e instintivo. Na alegoria hindu o Deus mais superior passa por três longos estágios e assim abrange os três mundos ou regiões do Universo.

A Mônada, em seu movimento cíclico, passa através de todos os reinos da Natureza, experimentando sucessivamente, nas palavras contidas em uma das *Cartas dos Mestres*, as condições de "mineralização, vegetalização e animalização" antes de chegar ao estágio da encarnação humana. Na realidade, a corrente de vida que entra em contato plena e diretamente com os mundos inferiores flui do Segundo Aspecto da Divindade e se mescla finalmente com uma manifestação proveniente do Primeiro Aspecto, que é a Mônada humana na forma individualizada. O curso de sua evolução leva-a de um estado de divina inconsciência, através de episódios e cenas devidas à perda da memória de sua própria natureza, causada pela sua queda que é realmente uma mudança em sua condição de percepção, para um estado de existência consciente como na condição de um Deus. Parece que a mudança de uma centelha divina em uma individualidade humana e sua possibilidade de atingir estágios super-humanos, expressando a coexistência de uma absoluta liberdade e de uma unificação plenamente realizada com a sua Divina fonte, tornam-se possíveis somente mediante a evolução de um divino germe – o germe da consciência – de um estado de completa ignorância para o da onisciência. A liberdade deve ser obviamente desenvolvida sem o apego a lembranças, porque qualquer recordação seria uma limitação da liberdade.

Há na própria substância da matéria um ciclo semelhante ao de um movimento descendente e ascendente. O molde material, que é formado para receber o influxo Divino, é, a princípio, etéreo e obscuro. Estas são as formas das primeiras Rondas nos globos superiores da Cadeia Terrestre, formas que estão próximas do arquétipo, porém, ainda não suficientemente concretas e definidas para a consciência incipiente aprender as leis das relações estáveis e mutáveis e da ação deliberada. De forma lenta, cada coisa torna-se crescentemente material e atinge o plano físico e mesmo ali se move de um estado de organização para outro, até que, afinal, o ponto de retorno deste enorme ciclo é atingido.

A corrente descendente começa, então, seu movimento ascendente, um processo no qual se reveste gradual e crescentemente de uma qualidade espiritual, desabrochando uma determinada natureza e capacidades que durante esse tempo todo estavam à espera para se manifestar. Nós estamos agora nesta última metade do ciclo, voltados para uma plenitude que somente será alcançada quando a unidade original for restaurada e tudo tenha retornado, por um processo lógico e natural, ao seu ponto de partida. Toda a extensa jornada tem sido descrita como sendo, em sua primeira parte, um ciclo de formação, o estabelecimento das formas necessárias para a evolução da vida, e, em sua segunda parte, como a "re-Formação" ou evolução, o atingimento daquela finalidade para a qual o lento processo anterior foi apenas uma preparação e um prelúdio.

O homem, por seu lado *monádico* ou espiritual, é semelhante a um Deus de muitas cabeças. Há um hino sânscrito muito maravilhoso que fala de *Purusha*, o Homem Divino, como tendo "mil cabeças". Para algumas pessoas isso soa como bizarro e absurdo; a descrição é, no entanto, simbólica e profunda. Todos os homens são um único Homem, mesmo que pareçam estar separados uns dos outros por suas individualidades diferentes. Aquele que se revela neles é uma Pessoa cuja inteligência é de um milhar de cabeças, a palavra "milhar" significando apenas múltiplo, assim como quando falamos de "mil e uma coisas". Toda a vida é uma única Vida, cujas águas eternas desceram dos mais altos níveis para o nível mais inferior de existência e brotam como milhares de fontes ou correntes para o ar livre onde cada uma é capaz, em seus movimentos multiformes, de seguir o seu próprio modelo e captar as cores da luz solar a partir de seus ângulos peculiares.

Em adição a estes significados penso que há outro que é igualmente belo: *Purusha* não é apenas o Homem Cósmico, o impulso ou o agente presente na Vida Una, que o individualiza nas várias formas separadas e assim torna-O manifesto através daquelas formas em milhares de maneiras, o Deus cuja vestimenta é a Natureza inteira em sua infinita variedade, mas Ele é também cada ser humano ou espírito individual. A unidade e o todo apresentam igualmente os Seus delineamentos e aspectos, mostrando a mesma natureza e padrão.

Embora a Mônada seja uma unidade no sentido mais estrito, entretanto, ao mesmo tempo, esta unidade é como uma raiz que floresce no além em mundos que jazem totalmente fora de nosso alcance e ali desabrocha como uma flor de lótus com inumeráveis pétalas, cada pétala uma forma de radiância e poder Divinos. Em toda a parte na manifestação deparamo-nos com exemplos da verdade fundamental da unidade na diversidade. Embora a unidade da Mônada seja absoluta do nosso ponto de vista, nela está contida a diversidade do todo. O Próprio Logos, em Seu aspecto de Demiurgo, é uma unidade composta de *Logoi*, um ponto sem dimensão, através do qual passam inumeráveis linhas, simbolizando a linha, obviamente, uma Inteligência ou Poder inferior e mais limitado do que o ponto.

A Mônada está sempre sozinha porque é uma unicidade; no entanto, de alguma maneira sutil, está conectada através de fios nervosos puramente espirituais com inumeráveis outros pontos semelhantes por todo o Universo – alguns mais imensamente desenvolvidos e mais brilhantes do que outros. Deste Ponto, que é a Mônada, projeta-se uma linha vertical até a extremidade física da consciência, e essa linha é a base ou coluna espinal da individualidade completamente formada nos mundos da existência humana. Este é o fio de nossa consciência, estendido entre duas pontas, a espiritual e a material, cuja tensão, em constante modificação, envia e recebe vibrações em diferentes níveis. As vibrações recebidas fluem como sensações, sentimentos e impressões, valiosas e estranhas, no receptáculo da consciência individual.

A linha vertical é divisível em sete pontos significativos, constituindo os sete princípios do homem, os quais, juntos, constituem a unidade da individualidade. Eles são como notas de uma escala musical, destinadas a produzir música de acordo com a natureza da individualidade que esta escala representa.

Há uma outra classificação pela qual o homem, embora sendo uma entidade integral, é capaz de ser dividido em três Seres distintos, cada um repousando em um *upādhi* apropriado (para usar o termo sânscrito) ou base material. Há no Budismo *Mahāyāna* a concepção de três Budas em um: um Buda Divino ou celestial que está distante em alguma região remota; o Buda na Terra que é o seu reflexo ou sombra; e entre o Buda celestial e o terrestre, um outro Ser pleno de iluminação e sabedoria, às vezes chamado o Bodhisattva do Divino Buda. Todos esses três Seres são considerados como sendo fundamentalmente um só, diferindo em suas naturezas pela profundidade, extensão e grau, não por espécie, embora pareçam e possam agir como individualidades separadas. Se é assim com respeito àquele aspecto da Divindade que está corporificado nos Budas, podemos ver que também pode ser assim com relação a cada Mônada espiritual desenvolvida.

O campo no qual a evolução humana – tríplice, como vimos – se verifica é o universo quíntuplo, contando do *Ātmico* para o físico, excetuando as regiões *monádicas* e Divina, onde o que possa acontecer deve ser de uma natureza totalmente além de uma imaginação puramente humana. Se pensamos na Mônada como o centro de uma esfera radiante, *Manas* é o eixo que a conecta com a Terra concreta, e o atual estágio de evolução humana apresenta a volta do ciclo evolucionário de seu lado escuro para o seu lado brilhante. Nós estamos no domínio da mentalidade, capaz de nos voltar para o passado e também de nos projetar um pouco no futuro. Realizamos ambos os movimentos no nível da mente que trabalha com dados puramente físicos e de modo mais abrangente e correto nos estudos profundos do Ocultismo.

Assim como a Mônada, o fragmento da Divindade, repousa nos três *upādhis*, também nos planos inferiores o Ego ou a alma do homem, em distinção ao Espírito, tem três corpos: mental, astral e físico, o mais inferior refletindo o mais superior, assim como um lago espelhado pode refletir uma montanha elevada. Esta alma exibe natureza tanto psíquica como física, mas há também uma terceira natureza, embora menos desenvolvida e menos proeminente atualmente, a natureza puramente espiritual, que há de desabrochar, quando as condições estiverem propícias na Mente e Intuição espirituais.

A evolução da alma realiza-se objetivamente em um mundo tríplice, onde vivemos periodicamente em um corpo físico, mas exercendo uma natureza mental-emocional ou psíquica que pertence e é inerente aos corpos astral e mental. Porém, o que se verifica nos três mundos inferiores, que podemos estudar com algum pormenor, não pode ser percebido corretamente a menos que levemos em conta a soma de seus resultados e a vejamos à luz daquela finalidade e desígnio que pertence ao corpo causal do Ego.

O que nos leva a todos a desempenhar nossos papéis aqui em baixo e passar por voltas e voltas nos três mundos não é uma ordem divina, mas nós mesmos, nossa própria vontade de viver, já que a vida é um impulso que surge profundamente de nós mesmos. Às vezes, uma pessoa pode pensar em um tom de desapontamento ou depressão que gostaria de voltar ao lugar de onde veio. Isso significa apenas cessar de querer viver em uma determinada condição. Mas tão logo uma perspectiva diferente, alguma esperança se apresenta diante dessa mesma pessoa, ela imediatamente se lançará em sua busca, o que indica que o impulso que leva o homem de desejo ao lugar da gratificação está longe de se extinguir nele. É a vontade ou desejo de viver – como é chamado nos livros hindus – que nos impele a viver à maneira de nossa existência. De qualquer modo, seja diretamente da origem deste movimento ou do nosso centro mais íntimo para o exterior, é esta vontade que conserva tudo galvanizado e em movimento. É a "vida como vontade", a vontade de ser, de se tornar, de conhecer, de realizar suas possibilidades inerentes, que, agindo como uma pressão firmemente modeladora, desenvolveu os órgãos dos sentidos que possuímos, tão maravilhosamente desenhados como construídos – o ouvido, o olho, o cérebro e assim por diante.

Os centros dos sentidos são os primeiros a serem formados, como assinalou a Dra. Annie Besant, no corpo astral, porque é o corpo de sensação e desejo. Depois, os órgãos do corpo físico são criados em torno destes centros. A grande maioria das pessoas, mesmo nesta era mental, vive na maior parte do tempo em seus corpos astrais, isto é, em suas sensações, desejos e pensamentos formados sob a influência do desejo e usa o corpo físico (e nesse corpo particularmente o cérebro e o sistema nervoso) como meio de obter a satisfação desejada.

O raio da Mônada tem de certa maneira de descer para um nível objetivo onde haja suficiente resistência para produzir percepção e capacitá-lo a usar suas capacidades inerentes. Mas, mesmo quando a separação foi vencida e o fio de consciência está firmemente ancorado no ponto embaixo onde pode gradualmente estender e aumentar a sua influência, a ligação entre o Ego espiritual e a sua consciência física entra em uso somente muito gradualmente. A ligação está presente mas imperfeita em todos nós, não obstante o quanto possamos nos considerar desenvolvidos. Essa ligação, esse elo, é *Manas*, a mente dual – dual, embora una em essência. Aparentemente, em relação a tudo que é exterior, há duas mentes enquanto a pessoa está na encarnação e exposta às tentações da matéria, como todos nós podemos testemunhar com base em nossa experiência pessoal; mas essas duas mentes fundem-se em uma só quando a entidade encarnante passa para o *Devachan* (o estado de bem-aventurança e desenvolvimento subjetivo e puro no plano mental) e além.

No curso da evolução humana no plano físico desde o seu mais remoto começo, o acontecimento importante que tornou o progresso posterior tremendamente rápido, intensificando de muitas maneiras a sua pressão e impacto, tornando a vida complicada, mas também extremamente rica, foi a separação em sexos. Sem essa separação muitos problemas indubitavelmente teriam sido evitados, mas, por outro lado, não teria havido muito progresso; é somente através da interação de fatores opostos, porém complementares, que a espiral do progresso com todas as suas graciosas ramificações – os ricos efeitos implícitos no progresso – é atingida e acelerada.

Estamos agora no estágio no qual a mente está bastante desenvolvida, porém, não plenamente na grande maioria da humanidade. Ela é uma ponte, mas ainda longe de ser uma ponte perfeita. Embora o homem possa se orgulhar hoje das realizações de sua mente, ela, não obstante, é uma mente material. Tem muito ainda para fazer dessa mente um instrumento confiável do Espírito. A mente não é apenas uma ponte, mas é também uma transformadora mágica. Ela transforma as experiências recebidas, através das formas e dos efeitos da matéria, em faculdades e causas espirituais que são elaboradas no interior da verdadeira individualidade do homem e as evidencia em seu corpo causal ou Egoico. Assim, o homem, como um Espírito imortal, confere imortalidade às suas criações nos mundos inferiores porque todo o material miserável que poderíamos considerar como sendo os momentos de desgosto que acumulamos, é capaz de ser ordenado e usado como material para as criações do Ego, através desse raio espiritual que pode se projetar na mente não obnubilada. "*Manas* faz o homem", distinto tanto de Deus, como dos nossos irmãos animais.

Referi-me à assistência, quando do nascimento do homem nos mundos espirituais, de vários Deuses, que o dotaram com suas próprias essências, formando, assim, o corpo de sua manifestação. É esta verdade que jaz sob a velha história do príncipe menino que, quando de seu nascimento, foi rodeado de um grande número de Deusas mães, cada uma conferindo-lhe uma maravilhosa dádiva. Mas, ali, escondia-se entre a hoste uma fada sombria, má, de acordo com a história, que lhe deu uma certa qualidade não exatamente de perversidade, mas de independência, que anulou o valor de todas as boas dádivas. Esta independência ou liberdade de fazer o que quisesse é, na realidade, algo extremamente precioso. Ela distingue a humanidade daqueles Seres de Luz, os Anjos, que fazem sempre a vontade de Deus que é, também, nos céus, o Pai do homem, o filho pródigo.

Parece haver três tipos de entidades no Universo. As diferenças entre elas podem ser consideradas assim: pense em um círculo, com seu centro, seus raios e sua circunferência, um símbolo que se aplica de modo variado. O centro é o ponto do qual tudo procede. O movimento proveniente do centro realiza-se de duas maneiras. Uma delas é ao longo dos raios, cada raio possuindo uma direção única. A outra maneira é pela expansão do ponto, uma ondulação que se distancia na forma de um círculo continuamente expansivo. Este último movimento, que preserva a integridade do impulso original, é o movimento da vontade e da consciência Divinas tipificadas pelos *Devas*. É um movimento infalível que não perde a sua qualidade original. É a Luz do Logos, expandindo-se sempre e sempre, batendo nos vastos domínios ilimitados de matéria, despertando nela cada potência admirável correspondente à Verdade – que é una mas infinitamente variada – que está na Luz e que é a Luz.

O outro movimento ao longo dos raios é um movimento através de unicidades, através de individualidades. Este movimento parece ter sua raiz na separatividade, em vez de na unidade. Os raios são separados uns dos outros, ao contrário da circunferência que é uma linha completa e fechada em si. Eles movem-se em direções divergentes. A separatividade não é a *imaginária* separatividade de nossos "eus" – o que é uma ilusão – mas uma separatividade ou individualidade espiritual, portanto, benéfica e ordenada porque a unicidade ao longo de uma linha deve ser distinta e separada da unicidade ao longo de outra. Cada coisa individual permanece separada do resto do universo e de todas as coisas ali contidas. Nessa separação reside, pois, a sua autodefinição. É somente o isolamento da individualidade que lhe dá a sua verdadeira significação.

O movimento ao longo dos círculos concêntricos pertence aos *Devas*, os Seres Resplandecentes, que sempre contemplam a face de seu Pai nos céus, porque cada estágio da expansão concêntrica é uma expansão do ponto e em contato contínuo com o ponto. O movimento ao longo dos raios, as linhas das individualidades, é a dos *Asuras* que não são entidades más, como H.P.B. assinala, mas representa uma força complementar à dos *Devas*. Porque a individualidade é uma manifestação tão mal compreendida e interpretada por nós é que se pensou que os *Asuras* fossem obstinados e antagônicos à vontade Divina. Tanto os *Devas* quanto os *Asuras* são forças primordiais como que os braços esquerdo e direito do Divino *Purusha*, o Homem Celeste, o braço esquerdo situando-se junto ao coração e o direito obedecendo à cabeça e à vontade.

Há uma terceira possibilidade que é diferente tanto dos raios como da circunferência. É o ponto puro, não o ponto que desenvolveu a capacidade de irradiar e de expandir e que se envolveu em uma divina vestimenta, mas um ponto germinal, uma reprodução do ponto paterno original. Este ponto é a centelha, insignificante, de início, no ciclo da manifestação, vagamente discernível, imersa nas profundezas do espaço. Mas, veja, o ponto aumenta sua luz, parece emitir raios, é um ponto de ação, uma estrela cintilante e contribui com sua cota de luz. Ao final ela inunda os céus com a sua própria radiação pura, semelhante mesmo à estrela ou ponto paterno. Esta é a Mônada humana, distinta tanto dos *Devas* como dos *Asuras*, dos Deuses e dos não Deuses, porém com uma capacidade potencial para crescer por sua vez e usar as asas da existência e da atividade Divinas. Este é o ponto que se expande e se contrai, uma mera insignificância como um centro geométrico, "não existente" porque o ponto é sem dimensão, e "existente" porque o ponto está em todas as partes como o círculo expansivo da manifestação. Se este enfoque é verdadeiro, o homem não é o que parece ser, o que ele próprio pensa ser. Ele pode expandir-se mais do que os Deuses e os Demônios, os não Deuses, quando tiver realizado este envolvente movimento do qual ele é um centro permanente. Mas, se ele pensa que é grande, esse pensamento é baseado em uma consciência que não é a fonte ou causa de sua grandiosidade. A sua verdadeira grandiosidade está em ser nada, em erradicar a si próprio enquanto as suas boas ações se estendem por todos os lados.

II

A EVOLUÇÃO DO HOMEM

Quando compreendemos que o homem é tríplice em sua manifestação, sendo um produto do Espírito e da matéria – os céus do Espírito e os mares da matéria – permeado daquelas gradações psíquicas ou da consciência que ocupa os espaços intermediários, podemos compreender que sua evolução deve ser correspondentemente tríplice. Cada um de nós tem três seres distintos – um físico, um psíquico e um espiritual. Ascendemos de um para outro no curso de nosso progresso humano.

A evolução com a qual a maioria de nós está direta e praticamente relacionada é a evolução de *Manas*. É realmente *Manas*, que é a Inteligência, em exílio do reino espiritual, que sai, não compelida para sair, mas autoexilada. É a energia que sai do polo espiritual para o polo material, um movimento que obviamente deve ter começado com uma finalidade ou vontade espiritual, mas infortunadamente é mais tarde perdida e esquecida. Há uma escala de consciência ou inteligência estendendo-se do mais alto dos planos para o mais inferior. Mesmo quando experimentamos uma sensação, essa experiência, o seu registro e a sua recordação, é um ato inteligente. É em *Manas* que temos de procurar o elo entre a experiência e a matéria, os lados subjetivo e objetivo da existência. Quando *Manas* não está presa nas sensações que experimenta, pode estudar aquelas sensações e, então, desenvolver uma percepção de si própria, isto é, de seus próprios processos e natureza. Assim, ela tem que transcender a si própria à medida que aparece e age, antes que se possa conhecer como é verdadeiramente – um conhecimento que é o de sua essência divina e imortal e de sua finalidade.

Mesmo *Buddhi*, a Intuição espiritual e *Ātma*, geralmente identificada com a Vontade espiritual, são estágios na descida e ascensão de uma energia pela qual o cosmos inteiro se exterioriza e se expande. A expansão deve alcançar seus limites próprios e finais, mas há também o processo complementar de densificação e retorno no qual o cosmos se torna um todo e é trazido de volta ao ponto original. É somente quando aquilo que pensamos ser partes se ordena em um todo que a plena significação de cada parte, seu lugar e o do todo podem se tornar manifestos à inteligência. Tudo deve se tornar objetivo ao percebedor antes que tudo possa ser compreendido ou mesmo antes que as partes possam ser compreendidas corretamente.

Atualmente há muito emprego da palavra "psique" que é pouco compreendida, mas é realmente *Manas* com uma agregação em torno dela, mais frequentemente um resíduo que ela coleta. *Manas* é afetada pelas variedades de matéria, é levada a lidar com formas e sensações de origem material, com as quais desenvolve gostos e antipatias e também certos hábitos de pensamento e sentimento. Há uma constante inter-relação entre a mente e a matéria, desde o começo até o fim de todo o processo, cada contato com a matéria dando origem a uma ou outra espécie de sensação.

O campo no qual a evolução humana se verifica é, como vemos, constituído pelos cinco planos inferiores da Natureza, cada um deles desenvolvendo um certo aspecto do ser. É neste campo que se desenvolve, tanto a tríade espiritual ou "eu" espiritual, como o que tem sido na literatura teosófica de quaternário, que compreende os outros dois "eus", os princípios que os constituem. O quaternário é constituído do corpo físico, *kāma-manas* (a mente de desejos) e as conexões vitais entre eles, constituindo o homem físico e o psíquico, a entidade cujas atividades se situam no âmbito do psicólogo e do psicanalista modernos, que desconsideram completamente o lado espiritual.

O método de evolução para os corpos inferiores, o modo como os seus órgãos de sentido e de ação são desenvolvidos, é pela descida de uma vibração, um canal que é uma corrente vital. Este canal, acompanhado por uma ação elétrica apropriada, como a fisiologia moderna é capaz de descrever, gradualmente se expande em uma corrente ou fluxo, e o seu efeito é organizar a matéria na qual a energia é vertida. Assim, a matéria, originalmente apenas um envoltório, torna-se o veículo ou corpo complexo e bem-adaptado que a consciência que o habita é capaz de usar depois com facilidade e de modo efetivo. De qualquer modo, este é o método, do físico ao astral e mental, como a Dra. Annie Besant assinala. As várias correntes que fluem de cima para baixo pressionam sobre o material do envoltório, e o material, que no começo era desorganizado, gradualmente se configura em um corpo com órgãos capazes e especializados, apropriados ao nível no qual esse corpo precisa funcionar. As extraordinárias adaptações mostradas em sua conformação e seu funcionamento podem ambos ser atribuídos tanto a um Projetista extracósmico como a uma Inteligência que, de modo mais insinuante e através de uma hierarquia de Inteligências, guia o processo vital.

Cada um dos três envoltórios do Ego reencarnante precisa ser organizado por sua vez, começando do mais exterior que é o físico – um processo lento. A organização dos corpos é essencialmente um processo de auto-organização que parte do interior, onde está o centro da vida. O processo é limitado, entretanto, pelo *karma* do homem, que é qual uma teia formada pelo jogo de forças que se retraem e se expandem entre o indivíduo e o seu ambiente. Não podemos ter o melhor dos corpos que possa ser usado pelo Eu interior, devido aos pecados de seu filho, a personalidade emergente. Temos um corpo cujas capacidades estão limitadas de várias maneiras pelo *karma* que nós mesmos criamos, e nós, como Egos, temos de aprender as lições dessas limitações. Em cada ponto em nosso progresso estamos em um círculo de limitações que são autocriadas.

Podemos lamentar o nosso *karma* e considerá-lo como uma fatalidade que nos acomete, proveniente do exterior, mas nunca deveríamos esquecer que o *karma* é realmente uma evolução de forças provenientes do interior, com as quais nós nos envolvemos, em nossa ignorância, de uma maneira que leva essas forças a limitar nossas energias livres em vez de capacitá-las a achar um escoadouro e uma ação apropriados. Tudo o que nos sobrevém do exterior e parece ser o trabalho de agentes externos é, quando corretamente percebido, o efeito de ação gerada internamente. É o reflexo proveniente de alguma superfície de resistência em algum ponto exterior a nós mesmos.

Quando o Eu age em seu corpo, a ação é direta, mas quando as forças são projetadas no mundo exterior pelos nossos pensamentos, emoções e ação físicas, elas são refletidas e voltam para nós. São, exatamente, os efeitos de nossas próprias ações, assumindo um aspecto ou outro. Temos que assumir e lidar com cada força que emitimos e que perturba a harmonia do Universo.

A evolução do ser vem através da experimentação do não ser que, para nós, na atualidade, são as condições dos três mundos nos quais evoluímos, e essa experiência é transformada por um agente que é o elo entre o ser e o não ser, ou seja, as forças de *Manas*. A verificação da experiência ocorre automaticamente através da purgação no mundo astral, após o que há no *Devachan* a fruição das sementes ou germes espirituais acumulados durante a vida terrena. Tudo o que é aprendido e compreendido resulta em um desabrochar da sabedoria inerente ao Eu espiritual. A alma peregrina tem de passar através de vários estados de matéria e autoconsciência a fim de atingir a plenitude de sua estatura e manifestar a unicidade de seu próprio ser e individualidade. Mas ela passa pelos estados dos três mundos inferiores na máscara da personalidade terrena. É como se fosse um príncipe que se disfarçou e perambulou pelas estradas principais e secundárias a fim de ganhar experiência de diversas espécies.

O processo total da evolução torna-se inteligível e claro não apenas porque cada coisa flui em uma sequência de causa e efeito, mas também, porque esta sucessão de efeitos em cadeia ocorre em ciclos determinados, grandes e pequenos, os menores abrangidos pelos maiores. Ciclo após ciclo segue-se em séries infindáveis, tudo partindo do ponto superior, movendo-se para baixo e para cima e retornando ao final ao ponto de partida. Cada movimento completo é um círculo ou uma elipse, porém em mais de duas dimensões, aproximando-se assim a uma espiral. É a estes ciclos de progresso e as suas diferentes seções que damos, na literatura teosófica, os nomes de Cadeias, Rondas, Períodos Mundiais, Raças e Sub-Raças, cada um deles oferecendo condições especiais para a educação da vida interior.

Agora, o homem, como nos foi dito, está na Quarta Ronda de desenvolvimento, e nessa Ronda ele está no Globo mediano nas séries de sete Globos e no mais denso dos sete, ou seja, a Terra; ali ele está no período da Quinta Raça, dentro da qual está agora a quinta sub-raça. A Quarta Raça ainda existe e é numericamente predominante, enquanto que a Quinta Raça, agora em evolução, ganhou uma ascendência que está sendo sentida de vários modos.

Os pormenores não interessam muito. O ponto a salientar em tudo isso é que a evolução é sequencial, não é desconectada nem problemática, ela é exata ao longo de sua carreira. Tudo está em ordem no esquema Divino, e é uma ordem muito bela. Os sete planos de matéria, consciência e vida que compõem nosso sistema, os sete princípios do homem, as idades do homem no âmbito de sua vida individual (infância, juventude, adulto etc.), os reinos da Natureza (os três reinos elementais, o mineral, o vegetal, o animal, o humano), as sete Raças, as várias épocas geológicas e assim por diante, tudo está interconectado. Tudo está estruturado e se move de acordo com uma certa lógica, havendo um modelo, um método no aparente caos, o caos que desafia nossa ignorância com o seu poder aparentemente imutável. Tudo acontece de acordo com um Plano feito pelo Grande Arquiteto e é guiado por Inteligências através das quais a Sua consciência oniabrangente opera de múltiplas maneiras.

No curso da evolução e principalmente naquela parte com a qual estamos particularmente relacionados, ou seja, a evolução humana, fases sucessivas de consciência surgem como faixas de um espectro movente. Há um número de fases, genericamente classificadas como sete e divisíveis em muitos outros graus, e cada fase torna-se ativa e predominante de cada vez. Tudo está involuído, em um estado subjetivo, a princípio, mas, de modo gradual, torna-se objetivo ou manifesto. Existe assim um nível ou diafragma na consciência evolutiva do homem que divide o subjetivo do objetivo. O objetivo é aquilo que trouxemos sob um controle e exame detalhados, no qual somos capazes de ser conscientemente ativos; o subjetivo é aquela consciência dentro de nós que pode ser sentida e certamente influencia o objetivo, mas aguarda uma exteriorização e operação definidas. O nível no qual o subjetivo passa para o objetivo gradualmente aumenta no curso da evolução até que, finalmente, todos os planos e subplanos se tornam, por assim dizer, o reino do Espírito ascendente, sobre o qual ele é capaz de estabelecer o seu domínio e império.

Estas fases, que são discerníveis na evolução racial, têm sido identificadas com a sensação, a atividade, a natureza afetiva, a natureza astral e a mente, correspondendo, respectivamente, às cinco Raças que já surgiram, estando ainda por surgir a Sexta e a Sétima Raças enquanto a vaga de vida permanece neste Globo. Cada uma destas fases desenvolve-se e entra em atividade, cada uma realiza o seu trabalho, cada uma se mistura no devido curso com as suas predecessoras. Nas duas primeiras Raças, nos é dito, quase não havia sensibilidade alguma; os centros de sensibilidade estavam em processo de formação. Na Terceira Raça havia resposta somente a impactos violentos. Na Quarta Raça, a Atlante, o sentido psíquico desenvolveu-se altamente e com ele o princípio astral do desejo e a mente emotiva. Agora estamos na Quinta, ou a Raça Mental, cujo avanço no lado corpóreo se demonstra pelo fato de esta Raça possuir uma organização nervosa superior à dos Atlantes.

As primeiras três Raças neste Globo foram uma espécie de recapitulação do que tinha sido conseguido nas três primeiras Rondas, semelhante à recapitulação, no desenvolvimento do feto humano, das formas primitivas de evolução. Temos que colher nossa informação sobre estes assuntos de fontes que damos crédito. Os princípios que foram desenvolvidos naquelas Rondas estavam, nas três primeiras Raças, mais firmemente estabelecidos, e foi durante esse período que o corpo físico do homem tornou-se o instrumento compacto e controlável que é agora. Nos estágios primitivos era inconsistente e insipiente como uma nuvem. O acontecimento de maior consequência na Terceira Raça foi a separação dos sexos, como já se falou antes. Também aprendemos que o número de sentidos chegará a sete, embora atualmente beneficiemo-nos com o uso de apenas cinco.

A diferença entre uma Raça e outra jaz não apenas na aparência, mas, também, na organização nervosa, incluindo o cérebro, e na constituição da parte etérica do corpo físico com os seus vários centros de força. Não sabemos muito a respeito da organização dos corpos astral e mental, mas podemos presumir que não podem ser menos maravilhosos quanto ao desenho e à inteligência do que o corpo físico. A evolução de todos estes corpos depende do fluxo de vida que passa através daqueles átomos permanentes aderidos a cada Ego, por meio dos quais ele se afasta da manifestação e volta de novo a se manifestar durante o ciclo de necessidade, ou seja, durante as suas encarnações necessárias.

A teoria dos átomos permanentes, um para cada plano, que cada entidade humana carrega consigo de vida para vida – realmente não é uma teoria, mas um fato – resolve muitos problemas e também oferece abertura para especulações ao longo de várias linhas. Um ponto importante a lembrar em conexão com todo este processo, e já salientado, é que a força motivadora, a fonte principal de tudo, é a vontade do próprio indivíduo, que, naturalmente, é a vontade do Logos manifestada através do indivíduo. A Mônada, que constitui a individualidade e é o seu ápice ou ponto culminante, é automovida, não é movida por coisa alguma.

O Eu* espiritual tem três aspectos, como já foi afirmado, o Espírito, a Intuição Divina ou o Princípio de Sabedoria e a Inteligência Criativa. É a Inteligência Criativa, frequentemente chamada de aspecto de Atividade porque

* No original em inglês *Self*, e pode ser traduzido também por: "Ser". (N.T.)

a atividade é criação no reino espiritual que é o primeiro a aperfeiçoar o seu organismo e demonstrar a sua capacidade. A Mente Criativa desenvolve-se primeiro, e depois que o desenvolvimento atingiu um ponto, o princípio de Sabedoria, o Cristo no homem, nasce e começa a crescer e, por último, a Vontade real ou o Divino Espírito no homem é capaz de tomar a liderança.

III

A NATUREZA SUTIL DO HOMEM

Quando voltamos nossos pensamentos para a natureza sutil do homem, embora seja toda ela sutil para nós além do nível físico denso, defrontamo-nos com o fato de que neste reino sutil há divisões e escalas tão nítidas como as escalas de qualquer faixa vibratória. Uma das nomenclaturas aplicadas aos diferentes planos no sistema indiano, seguida também pelos alquimistas e filósofos medievais da Europa, é a que os divide em terra, água, fogo, ar e éter. Naturalmente, estes nomes referiam-se aos princípios ou elementos dos planos, que determinam a natureza de sua substância, daí também se referirem à consciência que opera nesses planos. Esses nomes não deviam ser compreendidos literalmente.

Terra e água são, de fato, elementos tangíveis, e cada um tem suas características próprias e especiais. O éter é tão sutil que a Ciência moderna, após basear-se amplamente nele por um certo tempo, negou-o como algo supérfluo cuja existência não se justifica. Permeando esses elementos, há o ar e o fogo, geralmente mesclados e sutis em vários graus. O fogo é mais do que sutil, é uma maravilha visível e perene. A antiga presidente de nossa Sociedade, Dra. Annie Besant, a quem devemos muito do esclarecimento, do conhecimento primeiramente trazido ao mundo moderno por H.P.B., identificava *Manas*, o princípio mental, com o fogo; *Buddhi*, a intuição espiritual, com o ar; o físico e o astral correspondendo obviamente à terra e à água; e o éter situando-se além dos quatro. Estes termos eram usados devido a uma certa sugestibilidade e correspondência que existem entre os elementos do mundo físico e o conjunto de planos que abrange todo o campo evolucionário.

Os termos terra, água, fogo e ar parecem ter sido usados também por causa de algumas conexões ocultas profundas. Há quatro grandes Inteligências ou Poderes, de acordo com as tradições hindu e budista, associados com os quatro pontos cardeais – norte, sul, oeste e leste – e também com os elementos de terra, água, fogo e ar. Estes quatro aparentemente não pertencem às hierarquias *Dévicas* ou Angélicas – hierarquias, porque a qualidade especial e o poder de cada uma encontram expressão em diferentes níveis – mas são Poderes que pertencem a outro grupo de Seres complementares aos *Devas*. Pode ser que certos impulsos tremendos, cada um possuindo suas próprias modalidades vibratórias, irradiados destes Poderes, alcancem o limite de sua expressão e materialização nas formas de matéria chamadas terra, água, ar e fogo; que, em outras palavras, eles são as fontes dos *tanmātras* (medidas, literalmente) que produzem, e às quais pertencem os *tattvas*, isto é, a natureza especial daqueles Elementos.

O *Ātman*, um termo que se refere tanto à Mônada como também à sua vontade espiritual – o termo tem sido usado, creio, em ambos os sentidos – é o princípio-raiz em manifestação. É o mais abstrato de todos. É, como a própria palavra indica, um sopro ou energia que se move externa e internamente. O sopro tem de adquirir um corpo, isto é, substância e forma. *Buddhi* e *Manas*, que são os outros dois princípios da tríade espiritual, situam-se mais dentro da nossa capacidade de compreensão, porque *Buddhi* estende-se por um plano inteiro e *Manas* por dois planos abaixo de *Ātman*. A jornada espiritual começa depois que a individualidade espiritual, que consiste destes três princípios, está plenamente formada e capaz de ser posta em ação.

"Perfeito" significa plenamente formado; como na sentença "nós falamos de sabedoria entre os que são perfeitos". Por outro lado, perfeição é algo enganoso, que pode sempre superar a si mesma. O progresso através de formas em uma sequência evolucionária deve ser julgado do ponto de vista interno pelo grau de sua aproximação ao arquétipo que se procura alcançar. O protótipo para o Eu espiritual pode ser considerado como estando na Mônada ou na Mente Divina. O processo de aproximação da consciência que progride à mais alta realidade é descrito graficamente por H.P.B. como uma ramificação de um raio menor em direção a um maior, por uma série de movimentos, até que o raio referente ao indivíduo é atraído para o raio superior e uno do Sol paterno, que é o Sol Espiritual – sendo o sol o símbolo e a manifestação corporal do Logos.

Os dois princípios superiores, *Ātma* e *Buddhi*, agem como uma unidade, constituindo *Buddhi* o envoltório e veículo necessários para *Ātma*. Esta unidade às vezes tem sido chamada de a Mônada humana. É demasiada espiritual para entrar em contato com os mundos objetivos; ela tem de desenvolver as necessárias faculdades para então adquirir substância através de *Manas*, a Inteligência.

É somente *Manas* que, entre os três, tem substância suficiente para lançar uma sombra, sombra essa que é um verdadeiro reflexo quando a mente é pura e cristalina, mas uma ilusão quando a mente é moldada por pensamentos gerados sob a fascinante influência de *kāma* ou desejo. Pode-se compreender a palavra "sombra" no sentido de um reflexo como também no sentido mais comum que implica a privação de luz.

Manas cai primeiro sob o encantamento do princípio astral mutável e depois tem que se libertar dele. O próprio nome desse princípio em sânscrito é *kāma-rūpa*, que pode ser traduzido como forma de desejo, ou tendo qualquer forma de acordo com o desejo. O desejo é mutável porque muda de momento a momento e é fugidio para todos aqueles que buscam nele a realização para a qual a vida os impele. Enquanto a mente estiver sob a sombra escura de *kāma* que é concupiscência ou desejo sob qualquer forma, ela não pode "ver a verdade como verdade e o falso como falso". Ela tem que se purificar descobrindo os seus erros a fim de se reunir com *Buddhi* da qual se tornou inconscientemente separada.

O objetivo que se apresenta no arco de retorno do ciclo de evolução é esta "re-união", que significa muitas coisas e produz no indivíduo muitas mudanças radicais, o múltiplo fruto da semeadura da consciência individual no solo de uma consciência universal. A "re-união" resulta na restauração daquela totalidade que tinha sido temporariamente perdida, a harmonia que se quebrou entre o céu e a terra, o céu como sendo o hemisfério superior da existência e a terra o hemisfério inferior. Esta unificação e totalidade é adquirida por uma nova consciência ou por uma nova qualidade de consciência, cujo nascimento é o de

Krishna ou Cristo no homem, que é igualmente um poder universal e a sua própria individualidade espiritual. Este nascimento dentro do coração do indivíduo é realmente o surgimento daquela individualidade ou poder, de um estado de subjetividade, de uma "*yoga* passiva", para a luz do dia, o campo da ação manifestada. O surgimento implica em quebrar os grilhões do egoísmo, egoísmo que é a separatividade limitadora, confinadora, que restringe e isola o pássaro imortal, não um pássaro terreno, mas celestial. Quando isso acontece, isto é, quando o Cristo, que é igualmente universal e individual e no homem é a Luz de seu aspecto *Buddhi* desperto, reluz sobre o ser psíquico, esse ser não se dissipa, mas se transfigura. É transformado, figuradamente, do estado de um verme que se move na lama da terra em uma radiante borboleta, livre em seus movimentos. Naturalmente, estas metáforas não devem ser levadas ao extremo em sua interpretação. Os exemplos verbais são sabidamente equivocadores e constituem recursos de uma argumentação especial.

A natureza da psique humana, constituída de *manas* inferior e do princípio astral – às vezes chamada de alma humana – torna-se o leito para o fluxo de uma divina corrente. No panteão hindu, Sarasvathi é o nome da esposa de Brahma, o Deus-Pai ou Criador, e *Saras* significa corrente. O termo refere-se, creio, à corrente de influência ou influências espirituais ou criativas de uma variedade quase que infinita, que precisa achar o seu caminho, desde as divinas alturas até as planícies da existência humana e material para irrigá-las. Essas planícies, que, a princípio, são desertos estéreis espiritualmente, desabrocharão, afinal, como a rosa. A luz do Logos operando sobre a forma psíquica, que é de infinitas modificações, dela evoca toda a beleza possível.

Mesmo o mundo físico e tudo que há nele estão destinados finalmente a estar em harmonia com esta maravilha. As nossas mentes que refletem as formas do mundo externo operam em um meio plástico a cada pensamento e imaginação. Nossas mentes estão destinadas a refletir não somente as formas da Terra, mas também, as formas do céu, cuja atividade posterior é a corporificação das mais puras intuições espirituais da Verdade e da Beleza.

Se pensamos sobre um compasso extraordinariamente belo de uma composição musical, digamos de

Beethoven, (podemos pensar em qualquer compasso que para nós mereça ser descrito como "divino") pode ser que esse compasso simplesmente fluiu para a sua mente tranquila e calma ou que ele acordou sonhando com ele. Mas, em muitos casos, ele chegou a esse compasso somente após muito trabalho. Os cadernos de notas de Beethoven parecem indicar que muito frequentemente ele começava com uma melodia comum, com um pequeno trecho e, então, o trabalhava, mudando, mudando, com um incrível esforço até que finalmente chegava a uma melodia de inconcebível beleza. Ele tinha esse tipo de gênio do qual se diz que possui uma infinita capacidade de trabalho. Há uma transformação do que é comum, não apenas na música, mas em qualquer outra coisa do mundo das formas, esperando o transformador. Há uma beleza por detrás das formas e dos fenômenos mais comuns que pode ser vista quando o indivíduo é puro o suficiente para vê-la.

Buddhi é o princípio celestial que traz à manifestação as maravilhas da dualidade na unidade, efeitos de interações puramente espirituais, e que surgem em um crescendo de harmonia e bem-aventurança. *Buddhi* une-se com *Manas* no devido tempo – é o único final possível desta história – e torna-se o próprio coração de *Manas*, de modo que cada uma de suas batidas, cada pulsação desabrocha e se configura como uma criação instintiva de *Manas*. A criação, verdadeiramente falando, não é reunir umas poucas coisas e produzir algo novo de alguma espécie, não importa quão engenhoso seja, mas é a projeção de um impulso de vida que traz consigo a sua própria verdade. Uma verdade que é sempre bela porque tem a sua beleza inalienável. Não há criação verdadeira alguma que não seja verdadeiramente bela.

Pois bem, *Buddhi* – estamos nos ocupando dele porque se situa exatamente além da mente, e nossa caminhada é para alcançá-lo – é dual em sua natureza, caracterizada pela Sabedoria e Amor. Sob o enfoque de *Buddhi*, conhecer é amar, e essa é a parte mais maravilhosa de sua ação, porque o seu conhecimento é o conhecimento da essência das coisas. Não podemos dizer aqui em nosso nível que conhecer é sempre amar. Pode ser mesmo que conhecer é ser repelido. Procuramos conhecer com a mente e compreender com a mente, mas, frequentemente, eu diria, invariavelmente, é a mente que confunde a inteligência. Ela é uma criatura de muitos anseios e suposições. É qual um advogado que argumenta em um caso a favor de quem lhe paga. Ela ressalta cada coisa conforme os seus anseios e motivos secretos, seu cerne de crenças e preconceitos e daí se constituir em uma luz enganadora.

Buddhi, que é a luz celestial, a luz da alma pura, pode brilhar sobre um coração simples, a psique purificada, sem a intermediação da mente. Pode brilhar diretamente sobre o coração sem passar através da mente. O amor, em todas as suas formas, mesmo nos planos inferiores, quando é puro, ou seja, inegoísta – toda pureza provém do altruísmo – alça-se para *Buddhi*, que é o plano da união, através de vibrações correspondentes e dali evoca sobretons pelos quais é sutil e maravilhosamente elevado e enriquecido. Essa é uma maravilha que talvez todos nós tenhamos experimentado em alguns raros momentos. Um amor como esse é uma potência espiritual que ultrapassa de muito a mera sentimentalidade. O sentimentalismo é, de fato, o desfrute das próprias emoções. É tão autocentrado e irreal como qualquer outra atividade da mesma espécie.

A lei da vida neste caminho ascensional é a lei de dar ou do sacrifício, o que não é uma dor ou uma privação, mas a alegria mais pura para a mente e o coração que sejam irradiados por um divino impulso. Um amor e uma doação completa como estes – a dádiva de si próprio com tudo o que se tem – produz o máximo efeito. Leva o alpinista ousado diretamente da vertente da montanha (usando o velho símile) para o pico, em vez de trilhar timidamente o caminho mais fácil que serpenteia montanha acima.

Quando o indivíduo de Inteligência despertada toma sua evolução em suas próprias mãos, ele acelera enormemente sua caminhada. É como o que se consegue na jardinagem científica; mas esta jardinagem é a de si próprio, que requer o expurgo de tudo que seja inferior e grosseiro; de outro modo, o jardim vai se desenvolver e pode crescer no máximo sob a ação de forças aleatórias ou pela seleção natural, como a Ciência o diria. No desdobramento desta parte mais fina do homem, que é o seu Eu espiritual, todas as pétalas, que estavam fechadas e em botão, abrem-se e entre elas as faculdades da consciência astral e mental que nós chamamos de poderes psíquicos. Estes poderes devem vir para cada um no processo natural, porém, não como um objetivo em um ponto ou momento determinado, pelo contrário, há grande perigo em forçá-los. Desejá-los é desejar poder, o que destrói a natureza pura da alma. Há uma forma de psiquismo que não pertence ao futuro de nosso desenvolvimento, mas a estágios de nosso passado, e que consiste, não em fortalecer o homem interno, mas em reduzir as defesas naturais, que existem em todo indivíduo sadio, contra as incursões de influências estranhas.

Esses poderes, na medida em que pertencem aos corpos superiores, estão naturalmente desenvolvidos neles antes de descerem de nível e serem ligados ao corpo físico. A respeito do verdadeiro homem espiritual tem sido dito que todos os poderes na Natureza estão prontos para servi-lo. Ele não necessita procurá-los. Eles o procurarão. Entretanto, se estes poderes incomuns aparecem, seja por um desabrochamento interno ou devido a algumas peculiaridades e fraquezas em sua natureza, necessitariam de algum treinamento definido, assim como uma criança tem de aprender a andar, ainda que todos os homens estejam destinados a andar e o corpo humano tenha sido adaptado para essa finalidade.

O ápice de qualquer desenvolvimento dentro de nosso alcance é, naturalmente, o Nirvana, um estado que abrange diversos outros estados. De nosso ponto de vista, o Nirvana é uma exclusão, a aniquilação de qualquer interesse ou apego pessoal de tudo o que está compreendido em um "eu" separado dos outros. Sob outro enfoque, é um estado de bem-aventurança no qual o *Ātman* ou Espírito Divino revela a plenitude de seus poderes, no qual cada força que ele irradia move-se em uma grande parábola ou hipérbole, usando uma figura matemática, estendendo-se do finito ao infinito. A ascensão do homem coloca-o em contato com várias entidades nos planos internos – os *Devas*, um termo que significa literalmente Seres Brilhantes (Anjos), e outros grandes Seres, homens libertos em diferentes estados, aqueles a quem chamamos de Mestres de Sabedoria e assim por diante. As glórias do intercâmbio ou comunhão e mesmo cooperação em alguma pequena extensão com estas grandes Entidades são parte das possibilidades não sonhadas, abertas a cada homem, não sonhadas porque não é possível para nós sonhar a respeito delas. O bebê recém-nascido, em seu inocente sono, não pode ter sonho algum sobre o seu futuro.

IV

A BUSCA

É um fato estranho que aquilo que procuramos internamente, encontramos. O motivo de nossa busca é frequentemente desconhecido para nós. Somos inclinados à autoilusão; queremos ser respeitáveis da maneira como a sociedade nos ensinou a sermos respeitáveis; assim, adornamo-nos com a virtude e damos à verdade um nome falso.

O desejo é uma forma de vontade, é vontade invertida. É um repuxo da matéria em vez de um movimento livre do Espírito. O que desejamos, encontramos; a nossa inteligência mostra o caminho. Desejamos experiências terrenas, por isso estamos aqui na Terra. Se pensamos que não o desejamos, isso é apenas autoilusão. Podemos desejar algo mais, o que também é da Terra.

Em qualquer busca o motivo é o elemento mais importante. Ele nos levará ao objetivo. Geralmente nosso objetivo é apenas conforto e satisfação que derivam de uma perfeita acomodação. Essa acomodação tende a uma percepção embotada; é como um leito macio no qual nos deitamos para dormir.

O que tem sido chamado de "divino descontentamento" é necessário para o progresso. Mas progresso rumo a quê? Rumo à autodescoberta, que leva ao autodesenvolvimento. Quando digo "auto" não quero dizer de modo algum separativo, mas, simplesmente, quero dizer "você". O ser, no sentido mais verdadeiro, é o Espírito, que é uno. Porém, há uma noção diferente do ser em nós, que é contrária à unidade. Autodescoberta, então, significa descobrir a verdade que está em nós.

No livro *Aos Pés do Mestre** se diz, "Tu não és o teu corpo, tuas emoções ou tua mente". Esta é uma afirmação simples que significa muito. *Saber* que temos muito que nos separar daqueles veículos, separação que se torna real quando somos capazes de controlá-los e estudá-los. É o estudo ou observação daquilo que acontece na própria pessoa. Não é um processo mental nem análise de uma maneira positiva, mas uma observação passiva.

Quando somos capazes de estudar a mente e o processo do desejo objetivamente, exteriorizamos o processo e retiramo-nos dele, isto é, o transcendemos. Este é o caminho para a realidade espiritual – a realidade existente em nós – não uma crença cega ou auto-hipnotismo. É a transcendência de nós mesmos do modo como somos agora. Na Índia é chamado de caminho de repudiação, "não é isto", "não é isso", "não é o corpo", "não é a mente".

O ser está atado a várias coisas, a várias ideias, através do desejo. Essa é uma forma de identificação com eles. A fórmula "não é isto, não é isso" inclui todos os

* Editora Teosofica, Brasília, 8ª ed., 2010. (N.E.)

apegos. É o desejo que fascina o nosso pensamento. Todos nós sabemos o que significa pensamento tendencioso. Ele cria a noção do "eu", que pode ser mental, mas é devido ao desejo. Quando dizemos "eu desejo", o desejo é o predicado e o "eu" o sujeito.

Nós contatamos o mundo através da sensação. Todas as sensações são agradáveis ou dolorosas. Quando a sensação é agradável, a mente agarra-se a esta, nela se prendendo. O desejo é o produto, e este desejo permeia a mente e opera através da memória. Queremos que o desejo seja satisfeito repetidamente e não há fim nisso. Quando o desejo se faz sentir, o seu ardor impera, e a mente cai sob o seu fascínio; ela é escravizada pelo desejo. O desejo é infindável em sua escravização. Ele nos prende ao nosso passado, é repetitivo, fascina o nosso pensamento, impede a consciência de estar totalmente no presente. Não podemos dizer "não é isto" até que nos coloquemos acima disso. O nosso pensamento está em um casamento desigual com o desejo, e isso é chamado de *kāma-manas*. Até que vejamos o seu processo e compreendamos as suas ilusões, não podemos mudar a nós mesmos.

Isso não significa que o agradável deveria ser evitado. Pode-se desfrutar algo de modo puro, isto é, sem adição, sem criar complicações. Esse desfrute é uma percepção pura. É a luz que se projeta sobre todas as coisas e as torna conhecidas.

É somente pela nossa automudança que conheceremos a Realidade. A Realidade está dentro de nós, e uma consciência purificada é necessária para senti-la. Presentemente é uma consciência dopada pelo desejo de gratificação de qualquer espécie, enfraquecida pela indulgência. Precisa ser despertada de seu sono.

Se pudermos dar plena atenção ao que está dentro de nós, rapidamente chegaremos à Realidade. Mas essa plena atenção não é possível enquanto a mente estiver dardejante, caçando borboletas, ou correndo atrás de si própria, em algum argumento capcioso. É o vinho do desejo que faz a mente ser obstinada e tola.

O caminho para a realidade espiritual está dentro de nós mesmos. É o caminho do discernimento, da autopercepção, um discernimento entre o verdadeiro e o falso em tudo que nos deparamos. Esse discernimento é possível porque há um raio da Realidade dentro de nós. A menos que haja alguma luz dentro de nós, nunca saberemos onde está a luz e onde está a escuridão. O discernimento deve ser praticado ao longo de todo o caminho que abrimos à medida que prosseguimos. Não é um caminho estabelecido para nós por alguém, exceto quanto a algumas afirmações gerais em termos de experiência comum. Palmilhar o caminho é um processo de liberação em relação a embaraços, complicações, ilusões, uma carga opressiva. É um caminho de crescente unidade com tudo – a Natureza e os seres humanos – um caminho de felicidade, que se cria e se compartilha.

V

INTEGRAÇÃO DE NOSSO CONHECIMENO E DE NÓS MESMOS

Quando falamos de integração, o que estamos procurando integrar? E o que entendemos por integração? O primeiro pensamento que vem à mente a esse respeito – porque já se falou muito a respeito disso – é a possibilidade de integrar o que a Ciência tem a dizer com o que a Teosofia tem a dar.

É perfeitamente claro que em qualquer conceito que possamos formar do homem ou de Deus, não devemos ir contra os fatos. Se o fizermos, estaremos estabelecendo uma contradição em nós mesmos. Se Deus é uma fantasia, é uma fantasia irrelevante que afeta o nosso pensamento e comportamento sérios. Se Ele é uma realidade, devemos conhecer a natureza dessa realidade e não crer meramente como nos é recomendado pela sociedade, por algum grupo ou alguma organização religiosa, porque, acima de tudo, a realidade deve prevalecer sobre o que é irreal; de outro modo a palavra "realidade" nada significa em absoluto.

O mundo em que estamos é uma realidade sólida para nós, e essa solidez é um fato para nossa consciência. Porém, quando analisamos a matéria e nela nos aprofundamos, essa solidez se desvanece totalmente, e, então, surge à nossa visão uma vasta extensão de vazio, cruzado pelas mais finas das linhas, compostas de elementos que parecem não ter substância alguma em absoluto – uma etérea teia de aranha. Qualquer que possa ser a explicação da solidez, que é somente uma impressão de solidez, uma experiência subjetiva, essa experiência é válida e deve ser relacionada com outras experiências de nossa consciência. Pode haver, e há, uma explicação ou análise dessa impressão ou experiência, que descortina uma visão diferente e mais ampla.

As observações da Ciência situam-se nestes fatos relativamente válidos. Não estamos presos por quaisquer inferências de dados científicos – e estas inferências são muitas se, cuidadosamente, separam-se as observações das inferências – nem necessitamos aceitar todas as teorias científicas que estão fadadas a mudar e que a própria Ciência agora sustenta apenas experimentalmente. Mais tarde devem mudar pela simples razão de que o que é agora desconhecido deve inevitavelmente modificar nossa visão do conhecido. Se a mente e a matéria constituem uma mescla muito íntima, como parece ser, mesmo sob o enfoque científico moderno, não podemos conhecer a matéria senão como ela é exteriormente, até que primeiro conheçamos a mente, e a conhecemos muito pouco como também as suas possibilidades e natureza interna. Cada inferência, cada teoria, deve, portanto, ser julgada pelo seu mérito à luz da totalidade de nosso atual conhecimento.

Quem há de ser o juiz? Cada um por si próprio. Jamais devemos ficar fascinados pela autoridade de um homem que parece saber mais do que nós, porque, fundamentalmente, cada julgamento pessoal é válido ou inválido para a própria pessoa. O julgamento é essencialmente uma questão individual. Mesmo se julgamos erroneamente, é melhor ter julgado por nós mesmos, de modo que poderemos descobrir a natureza desse erro e suas causas. Espera-se de cada teoria que explique certos acontecimentos e pode haver mais de uma maneira para explicá-los, como é o caso da teoria da gravitação de Newton e a teoria da relatividade de Einstein, ambas explicando o movimento, com vistas a finalidades práticas.

Uma determinada teoria científica pode coincidir com o enfoque oculto em alguns pontos. Pode talvez ser o mesmo, expresso em termos diferentes; mas devemos lembrar que qualquer explicação científica deve carecer do conteúdo da experiência viva da consciência. A Ciência está tendendo, admite-se, a tornar-se abstrata, geométrica, equacional e assim por diante em suas descrições e explicações. Está se tornando mais e mais "relativa" no sentido de que se preocupa somente com as relações entre as coisas. Ela não conhece e não pode conhecer o que as coisas são em si mesmas.

A Ciência, como já se salientou, precisa construir a partir de baixo. É obrigada a fazê-lo pela própria natureza de sua busca e de seu enfoque, que ocorre a partir da matéria. A Ciência, no sentido moderno, cessaria de ser Ciência se fosse começar de cima, como fazemos na Teosofia, embora, estritamente falando, nosso enfoque parta tanto de baixo como de cima. O edifício oculto inclui, tanto o lado superior como o inferior, ou seja, o vasto e expansivo firmamento do pensamento como também o sólido e limitado como dos fatos. O fundamento oculto também se situa em fatos, embora conhecidos ou por todos nós ou somente por alguns, os mais evoluídos da humanidade. Pode haver certas coisas reais para você que podem não ser para mim. Qualquer estrutura de pensamento que possa acomodar a todos nós em função de nossa busca comum, deve ter uma base em experiências identificáveis por nós, isto é, em dados disponíveis a todos.

Na realidade, o que frequentemente contradiz a aparência, a estrutura do universo, mesmo que pareça surgir de baixo devido às limitações de nosso pensamento, tem suas origens no topo, no ápice da coroa da cúpula central do universo, para usar uma figura de arquitetura. Isso pode parecer um tanto difícil de perceber, mas há um modo de compreender este fenômeno, que o torna completamente correto e lógico. Acima e abaixo são termos relativos que usamos para nossa conveniência, mas que devem ser compreendidos como sendo provenientes do interior e do exterior; de um lado, o unificado e abrangente, de outro, o divergente e o particular. Entre esse interno e esse externo há um movimento perpétuo. Assim, muito do que percebemos parece morto, inerte e estático, mas, na verdade, tudo está em mutação e em movimento. Tudo é vida na Natureza, e a vida em si é um movimento vibrante. Este movimento verifica-se de um modo complexo e variado, desenvolvendo-se de acordo com certas leis que criam a estrutura do universo. As correntes de vida fluem do lado interno para as formas que somos capazes de estudar do lado externo.

Assim, pode não haver antagonismo entre a Ciência e a Teosofia, entendendo-se por Ciência tanto os fatos científicos como a lógica mais rigorosa e discernidora. Mas a integração entre elas somente pode ser a integração de um certo padrão limitado que nós percebemos, com processos vitais nos quais esse padrão aparece e que representa, porém, muito parcialmente.

A concepção oculta do homem é a de que ele é um universo em miniatura, um universo que está em processo de formação. O fato de que ele é uma Mônada no plano mais superior reforça o conceito de que seja o que emanar dessa unidade deve constituir um todo. A totalidade é quebrada por gradações de matéria, e matéria significa limitação e resistência. As forças provenientes da Mônada, o seu poder e luz são canalizados crescentemente nesta matéria de muitas densidades. A forma humana, que é vista mesmo em meio ao globo áurico, a aura ou emanações do homem em diferentes planos, é aparentemente em nosso sistema solar a forma mais abrangente na qual todos os elementos que têm de entrar na composição humana podem ser harmonizados de modo muito perfeito. A origem do homem, na visão oculta, não é proveniente do corpo de um macaco, mas de um modelo para o qual se deu a denominação de Homem Celeste. No curso da evolução inferior, ou seja, a evolução da vida até o ponto de individualização como uma entidade humana com a centelha divina inflamante, a vida que evolui reflete sucessivamente, nos diz H.P.B., cada forma-raiz de cada reino. A forma-raiz de cada reino da Natureza pode ser vista como uma determinada seção em uma parte ou outra da forma arquetípica humana que reúne todas as especializações.

Ora, tudo o que o homem atingiu e ainda está por atingir passa no momento por um estado de perturbação e transformação. Nos planos superiores está iniciando, ou, talvez, apenas em uma preparação para um início efetivo. A unidade do homem parece perdida na perturbação. Não o vemos como um todo, apenas em partes. Que perturbação é esta? É todo um conjunto de reações originadas do lado inferior contra as forças provenientes do lado superior. Todo o processo de evolução, de um ponto de vista, é atingir, ao final, a restauração da unidade que foi perdida e se fragmentou. Em outras palavras, o homem tem de fazer um quadro perfeito acabado, uma composição perfeitamente centrada e harmonizada, enquanto que agora ele se assemelha a uma espécie de representação pós-cubista.

Não é suficiente integrar o que conhecemos, porque esse conhecimento está para a maioria de nós no nível mental. Necessitamos ultrapassá-lo e integrar-nos como nós somos em diferentes níveis. Nas formas mais superiores de pensamento, o pensar preciso e lógico, para qualquer efeito formal, nunca pode ser separado de valores apreciados e sentidos. Os elementos, tanto de sentimento como de pensamento, estão presentes conjuntamente. No homem perfeito, o corpo astral é uma réplica do mental. Tem sido comparado em seu estado normal, quando não está em ação e emitindo ondulações de cores, ao surgimento do luar sobre um oceano calmo. Estes dois corpos devem ser unificados e trazidos a um perfeito alinhamento com *Buddhi* e a consciência física tem de se juntar na unidade assim criada.

O homem perdeu a integridade original de seu ser; mas as forças que estão operando dentro dele, que se revolvem nele, jamais acharão o seu equilíbrio até que alcancem uma perfeita integração em tudo aquilo que o compõe. Esta integração não é um processo mecânico pelo qual duas coisas são postas juntas em uma determinada relação, a fim de atingir um certo efeito ou cooperação. A integração é vital, é a criação de uma unidade. É parte do processo do múltiplo voltando a ser o Uno, um processo complementar ao do Uno tornando-se o múltiplo. A integração é rica em cada estágio – porque há muitos estágios nos processos graduais da vida – com a liberação de um significado que não parecia existir anteriormente. O ser perfeitamente integrado é aquele que expressa em cada aspecto de seu funcionamento algo que uma consciência sensitiva pode perceber como sendo da mais alta significação.

A significação do que uma coisa é, ou do que ela faz, jaz em sua relação com a consciência percebedora. Pode ter a mais alta significação para uma pessoa e nenhuma para outra. O significado depende do nível de consciência no qual ela é percebida, o nível de sua manifestação. O que experimentamos em nosso recôndito, que também é o ápice de nossa consciência, é o que mais importa e é o que finalmente prevalecerá porque tem em si a mais alta potência.

Parece-me que tanto a harmonia como a integração jazem em uma relação de significados mais do que em uma relação de funcionamento e mais do que em qualquer relação de formas. Apenas a colocação de formas em grupos, de uma maneira ordenada e útil, coordenando algumas funções tais como as funções de vários órgãos no corpo humano, pode constituir integração no nível dessas formas, mas há um outro tipo de integração que traz todas as partes em um relacionamento que exterioriza à consciência percebedora o significado mais alto possível; isto é, ela extrai dessa consciência uma qualidade, uma experiência que é muito mais real para ela do que outras experiências.

Assim, o homem está em um processo de integração. No momento ele é uma entidade que é parcialmente integrada e parcialmente em desintegração. Ele é como uma nuvem em sua natureza psíquica, constantemente mudando, não de acordo com a sua vontade divina, que está ainda adormecida, mas de acordo com forças que o movem e o mudam cegamente. É uma nuvem que contém um arco-íris de esperança, mas, por outro lado, é amplamente cinzenta e escura, porque o sol de sua natureza espiritual está oculto detrás dela. Há nela um repositório de luz oculta, de cuja potencialidade para criações benéficas até agora dificilmente se suspeita. Mas, antes que tais criações sejam possíveis e voem como mundos das mãos de um arcanjo, esse arcanjo, que é o próprio homem como uma entidade espiritual, tem de organizar a sua natureza nebulosa e aprender a agir de uma maneira que revele sua individualidade única. A forma nevoenta irá tornar-se, então, a sua verdadeira forma, a forma de seu brilho e de seu Ser.

Na linguagem do grande filósofo chinês Lao-Tsé o objetivo é a harmonia da Terra, do céu e do homem. O que significa céu? O mundo do pensamento divino. O que é a Terra? É aquilo que está sendo trazido à existência e sendo modelado pelas modificações da matéria-raiz. E o homem? Ele tem sua cabeça nos céus e seus pés na Terra e tem de aprender a unir o céu e a Terra em si. Como ele os unirá? Fazendo da Terra uma testemunha viva para o céu, isto é, ele deve ser capaz de refletir sobre a face da Terra a unidade como também as características do céu.

VI

PERGUNTAS E RESPOSTAS

P. *Por que as entidades lunares (entidades evoluídas na Cadeia Lunar) foram enviadas à Terra para ajudar na evolução de suas formas?*

R. Não sei muito a respeito disso, a não ser o mencionado nos livros teosóficos. Como teosofistas todos nós estamos procurando aprender, mas sabemos muito pouco. Se você não pode captar o sentido de qualquer afirmação com que você se depara, eu lhe sugeriria simplesmente colocá-la de lado por algum tempo. Não somos conclamados a negar ou aceitar cada coisa que nos é apresentada, mesmo que venha de alguém que parece saber muito mais do que nós.

Pense a respeito de que todas as Mônadas lunares, isto é, a humanidade lunar como um todo, assim como todos os homens na Terra, compõem uma humanidade. Naquele conjunto um certo número deve ter aperfeiçoado o que era o tipo de ser que a humanidade lunar representava na evolução das Cadeias; eles eram, em relação ao conjunto total daquela humanidade, a sua Inteligência espiritual evoluída. É esta seção espiritualmente ativa daquela humanidade que, de acordo com os relatos em nossos livros, criou o molde etérico em torno do qual foi originalmente formado o corpo físico dos homens neste globo terrestre.

Estes seres lunares, ou *Pitris*, que vieram para a Terra, não deveriam ser considerados como estranhos para nós, mas como parte de um todo do qual eles, como também nós, somos partes integrais. Afinal, nossa humanidade foi, em parte, a humanidade lunar. As aperfeiçoadas entidades lunares pareciam surgir do céu como Deuses, como se assemelharia qualquer espécie de manifestação vinda do alto, conquanto a fonte dessa manifestação pudesse estar intimamente conosco. Nós somos, na realidade, estranhos aos nossos próprios seres espirituais, devido às limitações de nossas personalidades.

Assim como alguns em nossa humanidade atingem a Liberação ou Adeptado, eles o estão atingindo não para si próprios como indivíduos, mas para o todo da humanidade da qual eles são uma porção liberada. As forças espirituais que foram libertadas pela evolução da humanidade lunar devem ter sido atraídas para a Terra por uma gravitação e afinidade naturais. Aqueles que desceram neste globo a fim de ajudar na sua evolução devem ter vindo por causa de seus laços anteriores conosco que éramos seus aparentados; talvez eles fossem os mais adequados a fazer o modelo para os corpos de que necessitávamos, corpos que nos conviriam exatamente, por causa da própria afinidade e habilidade internas que eles possuíam de sentir e compreender as sutilezas de nossas necessidades.

P. *Quais são as formas-raízes presentes na estrutura do homem?*

R. Cuidadosamente circunscrevo-me às palavras "fomos informados por H.P.B.", porque não sei coisa alguma sobre estas formas-raízes que são vistas na figura do Homem Celeste. Evidentemente, o Homem Celeste é uma figura abrangente e, no curso de sua descida para as condições físicas, estas formas-raízes foram lançadas como padrões ou modelos em torno dos quais as formas dos primeiros reinos poderiam ser construídas. Embora a afirmação se apoie somente na autoridade, ela incorpora uma bela concepção que é a do homem ser uma figura central na evolução. Ele é amplo; ele contém multidões, na linguagem de Walt Whitman. Ele é a somatória de tudo que está no sistema, tanto do lado da vida como do lado da forma. As diversas formas arquetípicas que em sua variedade jazem nas formas dos reinos animal, vegetal e mineral são seções de uma forma divinamente integrada que é o Homem Celeste.

P. *Como são classificados de modo geral na Índia os vários princípios do homem?*

R. Na filosofia hindu há diferentes modos de examiná-los. Mencionarei o mais comum. O primeiro envoltório, contando de baixo, *kosha* como é chamado, é o físico. Este corpo é um produto do *karma*, como algo que se coloca exteriormente sobre nós, embora ele tenha sido realmente criado por forças emitidas por nós no passado. Há uma constante interação entre o indivíduo e o ambiente em muitos níveis. Ele afeta o ambiente de vários modos; o ambiente reage. É como uma luta contra sombras. O corpo físico, incluindo a sua parte etérica, é um instrumento para nosso uso, mas é também uma capa de limitações porque não podemos transcender as suas capacidades. É uma espécie de limite físico último para as faculdades e os movimentos da consciência individual, como pode ser em qualquer estágio de desenvolvimento.

O envoltório seguinte é chamado de *prāna*. *Prāna* é a força vital, e esta força é uma emanação vinda da fonte mais interna, uma energia irradiante coesiva que permeia todos os planos e se derrama também através do físico. Podemos considerar este envoltório de *prāna* como uma espécie de aura magnética, uma esfera ou campo de forças. Creio que H.P.B. identifica-o em uma de suas obras com o que ela chama de ovo áurico. Há em torno do cérebro de cada indivíduo, em torno de seu corpo físico e de cada um de seus corpos, um certo campo que é permeado com as forças que fluem dele em cada um daqueles níveis.

O terceiro envoltório é chamado o envoltório da mente. É esta mente que é influenciada pela sensação. Na Índia, *manas* e sensação, de cujo casamento nasce o desejo, são considerados juntos.

Depois vem o envoltório do que é conhecido como o conhecimento superior ou discernimento. Não é a mente movida pelas forças do elemental e do desejo, mas uma mente através da qual atua a pura luz da Razão. Esta é a mente pura, desvencilhada da influência astral e completamente controlada, e abrange a mente abstrata.

A seguir vem o que é chamado de envoltório da bem-aventurança. A bem-aventurança surge da realização de uma unidade em cada relacionamento dualístico; pela primeira vez a consciência que ascende de plano para plano entra no campo da unidade e experimenta ali toda a felicidade que pode fluir da realização daquela unidade.

Finalmente, além deste envoltório de bem-aventurança, que é realmente o da consciência *Búdica*, está *Ātman*, que é imperecível, a raiz da manifestação individual.

Estes princípios estão conjugados por uma certa lógica natural e se relacionam entre si, o que faz deles um todo perfeito. Os envoltórios são materiais, mas os princípios com os quais eles se relacionam não o são e constituem um átomo metafísico. O átomo tem seus componentes, mas estes se relacionam entre si de uma maneira tão firme a ponto de constituir uma unidade que pode resistir a qualquer esforço ou tensão externos.

P. *O que é a "alma animal", como é citada nos livros teosóficos? Soa-me um pouco desprezível.*

R. A alma animal é *Manas* animando o princípio astral. Este toma emprestado as faculdades da inteligência para as suas finalidades e não as devolve por um bom tempo.

O animal pode pensar um pouquinho, sabe onde achar alimento, como escapar. Tem uma certa astúcia, alguns instintos notáveis. Mas a característica desta mente é que é movida por atrações e repulsões que são puramente sensórias. Isto é o que se entende por alma animal.

Não se pode entendê-la em um sentido desprezível por quem quer que compreenda que o animal também tem o seu lugar no esquema Divino. Nada é realmente desprezível. "Animal" é simplesmente uma palavra para a forma de Vida que chegou ao ponto em que pode receber aquele divino eflúvio que é chamado de Terceira Emanação. O animal representa a Segunda Emanação que é igualmente divina. Certamente não olhamos com desprezo para os animais, nem mesmo para as almas animais, embora estas últimas possam ser às vezes altamente selvagens. Compreender a tudo é perdoar a tudo, seja o que for.

P. *É melhor ter sonhos ou não ter sonhos de modo algum?*

R. Nossos sonhos são geralmente uma recombinação de impressões que recebemos. Constituem um mosaico – mais frequentemente um cenário confuso de miscelâneas coletadas em diferentes lugares. Uma vez que a criança bem pequena não reuniu ainda material algum, ou muito pouco, é pura como a neve, não tendo material algum para sonhar. Na outra ponta da escala, o Adepto, que em muitos aspectos é como uma criança pequena, tendo eliminado de sua consciência todos os elementos daquilo que chamamos de subconsciente, também dorme sem sonhos.

Na psicologia Oriental, refiro-me principalmente à indiana, há quatro estados: vigília, sonho, sono sem sonho, e um quarto estado, que é transcendental. As atividades de *kāma-manas* (a mente de desejos) correspondem nesta divisão ao sonho. *Kāma-manas* é uma criatura de fantasias. As nossas fantasias tendem a ser autocentradas, desordenadas e grosseiras. Porém, mais tarde, a consciência evolutiva começa a sonhar mais racionalmente e por fim atinge um estado no qual cessa de sonhar no sentido comum, mas acorda com lembranças, pensamentos e sentimentos expressivos da Verdade. As criações de *Buddhi* são sonhos para a consciência física, mas são sonhos de Beleza e Verdade, dirigidos por uma vontade que acha expressão na Bondade.

P. *Foi feita uma observação de que Buddhi pode brilhar diretamente sobre o coração, sem passar pela mente. Este não é um caminho mais direto do que o do treinamento da mente? Fala-se que a mente é a assassina do Real.*

R. Eu disse que *Buddhi* pode brilhar sobre o "coração simples", usando essa frase para indicar um coração que é livre de complicações, que é guiado por uma compreensão intuitiva do que é bom e correto, que possui uma espécie de fio de Ariadne. O "coração" não deve ser identificado com meros instintos, bons ou maus, os instintos da alma animal, ou com simples emoções que são uma mescla de mente e matéria. Há pessoas que pensam que vivem de acordo com os impulsos de seus corações e, no entanto, fazem todas as espécies de coisas estranhas que não as ajudam, nem a outros.

O caminho do amor (também devoção) tem sido chamado o mais curto de todos os caminhos. Mas, então, quando há uma relação entre o astral e o *buddhico*, omitindo a mente, em um estágio posterior, quando *Buddhi* tiver sido desenvolvido em uma certa medida, ele precisa infiltrar-se na mente e organizá-la para o que ela está destinada a ser. A mente não pode ser posta de lado completamente. É uma questão de seguir um caminho entre dois. Um caminho é o que sobe pela escada de *Manas*, passo a passo, até chegar a *Buddhi*; o outro é como se subisse por uma espécie de escada de cordas que é arremessada sobre *Buddhi*, e por ela você realiza a sua ascensão. Depois, então, você pode criar os degraus ou estágios da mente e descer de uma maneira magnífica.

P. Qual é a diferença entre o Cristo e o Buda, como o teosofista o considera?

R. Será que alguém ficará perplexo se eu disser que Eles são essencialmente os mesmos, no sentido de que Eles são duas flores diferentes produzidas pela mesma Raiz espiritual? Este pensamento é deveras maravilhoso. Todos os grandes Instrutores espirituais são realmente florescências da Raiz Una à qual, no pensamento budista, é dado o nome *Adi Buddha* (Buda primordial ou original).

A palavra Cristo tem duas significações. Uma é o princípio Crístico universal e a segunda é o mesmo princípio da maneira como se manifesta na individualidade a quem chamamos o Cristo, que esteve associado a certas cenas na Palestina, de acordo com a Bíblia e com outras fontes. É difícil para nós compreendermos que a realidade é una e não pertence em seu estado absoluto à forma alguma na qual possa estar presente. A Verdade não é propriedade de pessoa alguma; a ninguém pertence, ou pertence a cada um. Ela existe por si mesma. Pode haver propriedade em falsidades, mas não na Verdade, que está em cada um e, portanto, cada pessoa deve chegar inevitavelmente a essa Verdade. Cada consciência individual está sendo modificada de vários modos sob a pressão de forças tanto internas como externas. As modificações devem ao final assumir as formas da pura Razão ou Verdade. Assim também ocorre com a Beleza. Pode haver pessoas que pensam que são belas e se orgulham de sua beleza, digamos, da forma física. Mas, até onde esta seja uma forma de verdadeira beleza, a beleza não pertence ao indivíduo; é a manifestação de uma Beleza eterna que é impessoal e absoluta.

Do mesmo modo, todos os Instrutores são reveladores de um Ensinamento uno, embora cada Instrutor seja único porque Ele traz o aspecto da Verdade que é necessário em uma determinada época e em condições específicas. Ele indica uma *direção* da Verdade. Os grandes Instrutores são todos interna e fundamentalmente unos.

P. *Qual é a diferença entre arquétipos e formas-pensamentos?*

R. Os arquétipos são as formas ideais do pensamento do Logos. É a Divina Ideação impressa na substância cósmica que traz os vários mundos sucessivamente à existência. É o mundo das "ideias" ou o mundo "inteligível" dos gregos. Cada coisa na Natureza, homem, planta ou o que seja, está passando por um processo de evolução que mostra uma constante melhoria da forma, não apenas na sua aparência como no seu funcionamento. Assim, surgem à existência espécies após espécies, e o processo ainda continua. Onde terminará? Ao final deve ser produzida uma forma que poderíamos chamar de a forma perfeita, mas a perfeição que há de ser revelada esteve, de acordo com este enfoque particular, sempre presente desde o momento inicial. É uma perfeição latente que é levada a se efetivar e se manifestar gradualmente. Em outras palavras, é um processo de desabrochamento vindo de níveis internos, digamos, de uma beleza interna, que se realiza através da oferta da forma apropriada.

Mas a construção dessa forma não se verifica de repente, envolve uma contínua construção e reconstrução. Isso é o que chamamos de evolução. A morte é o portal para uma vida mais plena. As velhas espécies se desvanecem, surgem novas no cenário. Se pudéssemos olhar para esta Terra após a passagem de um período de cem mil anos, haveria talvez outras espécies em evidência. Mesmo o corpo físico dos homens ou das raças então mais avançadas poderá ser diferente. O seu sistema nervoso e seu cérebro podem ser tão superiores aos do homem de hoje, mesmo de seus melhores exemplares, como este é superior aos homens cujos crânios ele agora estuda.

É através da elaboração gradual de uma forma no tempo que a beleza, que é eterna, é capaz de exteriorizar-se e transmitir a sua mensagem. A beleza sempre está ali porque é atemporal; sua manifestação é determinada pelas facilidades que existem. As facilidades constituem a forma. A evolução da vida na forma é o processo de vir a ser. Mas há um ser que é o sumo da perfeição, uma perfeição subjetiva presente desde o momento inicial e que somente se objetiva muito gradualmente. A natureza dessa perfeição é revelada em cada estágio na forma que surge. Os arquétipos estão separados, poderia verdadeiramente se dizer, por mundos de diferença das formas-pensamento que geramos a todo o tempo com nossas mentes terrenas e desatinadas. Será em um futuro distante, muito distante, que as formas-pensamento da Terra, brotando de baixo, serão capazes de refletir os ideais dos céus, a luz e a beleza que ali perpetuamente estão.

P. *Você poderia comentar sobre a diferença entre os modos hindu e americano de viver e pensar?*

R. Há uma diferença fundamental na constituição entre os temperamentos do Oriente e do Ocidente. São como dois polos que, afinal, sempre coexistem e têm uma certa relação recíproca. Os dois polos magnéticos, por exemplo, estão diretamente conectados entre si.

Provavelmente porque seja predominante na primeira sub-raça da Raça Ariana, o indiano tende a se interiorizar; ele é mais subjetivo e menos objetivo do que as raças posteriores do Ocidente. Ele é mais movido por pensamentos e sentimentos aos quais se apega do que pelas realidades da situação que se lhe apresenta. Ele procura antes compreender do que agir imediatamente, adaptar-se mais ao ambiente e não tanto adaptá-lo a si mesmo. Seria classificado por um psicólogo como sendo mais introvertido do que extrovertido. Há vantagens e desvantagens em ambos os tipos. A mente indiana é inclinada à especulação e à filosofia; é mais imaginativa do que a do ocidental mediano. Mas quando você especula sobre algo que está além do âmbito da experiência direta, você pode estar certo ou pode estar errado. É como lançar uma pedra no escuro. Você pode esbarrar em um erro, em uma superstição, ou pode acertar uma verdade realmente maravilhosa. O temperamento que prefere pensar consigo mesmo tende a se sustentar por si próprio. Pode se perder em suas próprias sensações, pensamentos e sentimentos, desligando-se das realidades da vida. Você encontra no indiano esta tendência para uma introspecção.

O temperamento ocidental é mais exteriorizado. É realista, mais preocupado com o aqui e o agora, com as coisas tangíveis. Pode ser que a preocupação com o tangível o afaste, até certo ponto, de um apercebimento de tudo o que dá valor e encanto à vida. Um homem pode estar tão atraído pelo lado físico das coisas que perde a sua alma.

A Índia nutriu-se de uma filosofia tão completa e bela que o homem foi incapaz de encontrar, até agora, algo semelhante. Mas, no entanto, viver à sombra de uma poderosa filosofia não é totalmente uma vantagem; é viver como que à sombra de uma árvore maravilhosa. A pessoa a quem são dadas certas verdades que pertencem à vida espiritual tende a compreendê-las e medi-las com a sua mentalidade limitada. Assim, as grandes verdades foram sempre rebaixadas no decurso do tempo, interpretadas de acordo com a conveniência das pessoas que com elas entraram em contato e prostituídas para fins maléficos.

Toda verdade espiritual é uma verdade que necessita ser apreendida de um modo sutil por ser extremamente equilibrada. A verdade não se inclina para lado algum. É imparcial e justa. Tudo o que é espiritual precisa ser compreendido com uma integridade de mente que a maioria das pessoas parece não possuir. Você precisa ser capaz de receber em si mesmo os seus toques sutis; em outras palavras, responder a ela com um ser interior que é aberto e livre e não com aquela mentalidade externa que foi moldada por todas as espécies de experiência e que se tornou endurecida e inapropriada como um canal para a compreensão de coisas espirituais.

Às vezes acontece que um homem que acredita na doutrina do *karma*, por exemplo, não é levado a agir quando a ação é necessária, devido àquela própria crença. Ele pode ver um animal ou um pobre homem sofrendo e mostrar-se vagaroso demais para se esforçar e auxiliar. Ele precisa sacrificar o seu tempo e seu conforto a fim de pôr-se em campo e fazer o que é necessário para aliviar o sofrimento. Mas ele permanece onde está e diz para consigo: "Bem, o animal sofre devido ao seu *karma*. Mesmo que eu lhe traga algum auxílio, o sofrimento que lhe cabe virá de qualquer modo. Afinal, todo o sofrimento tem a sua utilidade. Está divinamente ordenado. Diminuí-lo agora é apenas prolongar a miséria" – todos estes são argumentos plausíveis para poupá-lo do problema.

Sabemos quão a mente é notavelmente hábil em inventar razões para fazermos as coisas que desejamos fazer. Pensamos do modo que desejamos. Encontramos argumentos para o que desejamos crer. A inclinação para uma crença está ali dentro de nós. Depois é que encontramos a sua justificação. Em uma corte de justiça, os advogados contendores, que são todos treinados para serem bem hábeis, são ambos capazes de produzir argumentos para as suas respectivas causas. Frequentemente, no processo, eles mesmos se convencem à força de muito raciocínio e reiteração.

A diferença entre os modos hindu e americano de pensar, e eu preferiria dizer mais amplamente, entre o oriental e o ocidental, é devido bastante ao fato de que o Ocidente foi obrigado a se valer de seus próprios recursos. Foi deixado sozinho sem a orientação daquela filosofia que a Índia desfrutou durante milênios. Naturalmente que o Ocidente teve os seus Instrutores. Certas grandes verdades foram dadas; porém, essas verdades não chegam a ser uma filosofia. Tendo que depender de si próprio, o ocidental desenvolveu uma iniciativa, uma copiosidade de recursos, uma concentração no aqui e no agora, uma reação ao presente imediato, que lhe dá, de um modo geral, a sua eficiência, que, às vezes, é elevada.

Ambos os caminhos de sustentação têm na prática tanto um lado bom como um mau. O ocidental é prático, eficiente, rápido para responder, realista e direto; mas o oriental pode ter uma perspectiva mais abrangente, menos emocional. Ele é capaz de se abstrair, de ver algo da totalidade das coisas. Ele tem uma concepção que o transporta além deste mundo e, à luz desse outro mundo e do que dele compreende, é capaz de trazer para este mundo uma compreensão que o homem realista, de mente obstinada, não tem a capacidade de compartilhar. Estas são as diferenças fundamentais. Não necessito descer aos pormenores do modo de viver porque derivam de causas muito diferentes.

P. *Por que é tão grande a população do mundo agora?*

R. A resposta parece ser que as condições são tais que possibilitam a um grande número de Egos valer-se delas. O *karma* deles parece ter sido ajustado de modo que eles possam encarnar exatamente neste período crucial da história humana. O Ocultismo não sustenta a teoria de que haverá uma multiplicação infindável da população. O número de Mônadas em qualquer esquema mundial é limitado. Mas estando distribuídas por três planos no decurso de seu progresso cíclico, pode haver mais no plano físico em uma época do que noutra. Recentemente houve um influxo extraordinário de Egos e deve ter sido disposto em conexão com os fatos que se verificam atualmente e sua significação específica. Suponho que, quando a humanidade evoluir além de seu atual nível – que é apenas o ponto mediano na senda estabelecida para ela – os seres humanos serão capazes de permanecer mais tempo no nível *Devachānico* do que a grande maioria, no momento, pode atingi-lo.

Maiores informações sobre Teosofia e o Caminho Espiritual podem ser obtidas escrevendo para a **Sociedade Teosófica no Brasil** no seguinte endereço: SGAS - Quadra 603, Conj. E, s/nº, CEP 70.200-630 Brasília, DF. O telefone é (61) 3226-0662. Também podem ser feitos contatos pelo fax (61) 3226-3703 ou
e-mail: st@sociedadeteosofica.org.br

gráfika®
papel&cores

(61) 3344-3101
comercial@papelecores.com.br